essentials

essentials liefern aktuelles Wissen in konzentrierter Form. Die Essenz dessen, worauf es als „State-of-the-Art" in der gegenwärtigen Fachdiskussion oder in der Praxis ankommt. *essentials* informieren schnell, unkompliziert und verständlich

- als Einführung in ein aktuelles Thema aus Ihrem Fachgebiet
- als Einstieg in ein für Sie noch unbekanntes Themenfeld
- als Einblick, um zum Thema mitreden zu können

Die Bücher in elektronischer und gedruckter Form bringen das Fachwissen von Springerautor*innen kompakt zur Darstellung. Sie sind besonders für die Nutzung als eBook auf Tablet-PCs, eBook-Readern und Smartphones geeignet. *essentials* sind Wissensbausteine aus den Wirtschafts-, Sozial- und Geisteswissenschaften, aus Technik und Naturwissenschaften sowie aus Medizin, Psychologie und Gesundheitsberufen. Von renommierten Autor*innen aller Springer-Verlagsmarken.

Ronald Deckert · Ingolf Rascher ·
Heinrich Recken

Digitalisierung in der Altenpflege

Analyse und
Handlungsempfehlungen

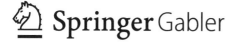

Ronald Deckert
HFH · Hamburger Fern-Hochschule
Hamburg, Deutschland

Ingolf Rascher
Management for Health-INT
Bochum, Deutschland

Heinrich Recken
HFH · Hamburger Fern-Hochschule
Hamburg, Deutschland

ISSN 2197-6708 ISSN 2197-6716 (electronic)
essentials
ISBN 978-3-658-38972-7 ISBN 978-3-658-38973-4 (eBook)
https://doi.org/10.1007/978-3-658-38973-4

Die Deutsche Nationalbibliothek verzeichnet diese Publikation in der Deutschen Nationalbibliografie; detaillierte bibliografische Daten sind im Internet über http://dnb.d-nb.de abrufbar.

Planung/Lektorat: Margit Schlomski
Springer Gabler ist ein Imprint der eingetragenen Gesellschaft Springer Fachmedien Wiesbaden GmbH und ist ein Teil von Springer Nature.
Die Anschrift der Gesellschaft ist: Abraham-Lincoln-Str. 46, 65189 Wiesbaden, Germany

Was Sie in diesem *essential* finden können

- Überblickswissen zu einem für eine sehr breite Zielgruppe relevanten Handlungsfeld
- Ausgewählte Anwendungsfelder im Gesamtkontext
- Orientierungswissen und -hilfe in Form von Erfolgsfaktoren
- Vielfältige Anknüpfungspunkte zu weiteren Offline- und Online-Literaturquellen

Vorwort

Die in der Gesellschaft breit Raum greifenden Entwicklungen rund um Digitalisierung mit ihren vielfältigen Auswirkungen sollten bewusst und vorausschauend gestaltet werden; vor allem auch, um das Wohl und die Würde des Menschen fest im Blick zu behalten. Die Aktivitäten verbunden mit Digitalisierung in der Altenpflege bedürfen hierbei einmal mehr eines besonderen Augenmerks; aus Gründen der Besonderheiten einer Pflegeleistung und aus Gründen der Fürsorge für ältere Mitmenschen.

Es ist einer breit angelegten Phänomenologie rund um Digitalisierung eigen, dass Erfahrungen in unterschiedlichen Bereichen der Gesellschaft entstehen und sich Fragen rund um die Möglichkeiten zur Übertragbarkeit von Erfahrungen zwischen verschiedenen Bereichen stellen. Die Altenpflege besitzt sicherlich ein herauszustellendes Potenzial für Erfahrungen zur Orientierung von Aktivitäten verbunden mit Digitalisierung am Wohl und an der Würde des Menschen. Auch für besondere Situationen wie die Bewältigung von Pandemien können Maßnahmen der Digitalisierung Resilienz-Potenziale bieten; die jedoch hier in diesem *essential* nicht betrachtet werden.

Die vor uns allen gemeinsam liegenden Veränderungen erfordern neben der vor allem auch auf Vertrauen basierenden Einbindung von Pflegenden und Gepflegten eine hochgradig sensible und zugewandte Prozessbegleitung. Gerade auch hier bietet sich für die direkt Beteiligten und uns alle gemeinsam einmal mehr die Möglichkeit, persönlich zu wachsen; wofür wir Prozesse rund um Digitalisierung nutzen können.

Prof. Dr. Ronald Deckert
Ingolf Rascher
Heinrich Recken

Inhaltsverzeichnis

Über die Autoren

Prof. Dr. Ronald Deckert HFH · Hamburger Fern-
Hochschule
Alter Teichweg 19
22081 Hamburg
https://www.hfh-fernstudium.de/
Ronald.Deckert@hamburger-fh.de

Ingolf Rascher Management for Heath-INT
Suntumer Straße 18a
44803 Bochum
Rascher@management4health.eu

Heinrich Recken HFH · Hamburger Fern-Hochschule, Studienzentrum Essen
Alter Teichweg 19
22081 Hamburg
Heinrich.Recken@hamburger-fh.de

1

Verbunden mit **sozialen Dienstleistungen** entfalten neue Technologien Innovationspotenzial, wobei diesbezüglich bei Deckert und Langer (2018) Digitalisierung betreffend unterschieden wird zwischen

- **technischen Unterstützungs- bzw. Assistenzsystemen** wie Mobilitäts-, Kommunikations- und Therapiehilfen bis hin zur Robotik sowie Haus- und Wohnungstechnik,
- **Systemen verbesserter Erreichbarkeit bzw. Zugänglichkeit sozialer Dienstleistungen,**
- **Unterstützung des Managements und bei Verwaltungsabläufen** sowie
- **Internet der Dinge** und **Datenanalyse.**

Es können grundsätzlich – über **Robotik** und **Internet der Dinge** wie hier benannt hinaus – zukünftig weitere Schlüsseltechnologien integriert Anwendung finden, wie diese beispielsweise beim Wissenschaftlichen Beirat der Bundesregierung Globale Umweltveränderungen (WBGU 2019) mit Begriffen charakterisiert zusammengestellt sind: **Virtual and Augmented Reality, 3D-Druck, Big Data, Künstliche Intelligenz, Monitoring** und **Cybersicherheit.** Die Betrachtung von **Chancen und Grenzen in dieser Entwicklung – insbesondere auch mit Blick auf die Sozialwirtschaft** (Deckert und Langer 2018) – zeigt auf, dass hier wohlüberlegt vorgegangen werden sollte und dass sich verbunden hiermit vor allem auch Handlungsfelder für Politik und Verwaltung ergeben; insbesondere betreffend **Informations- und Wissensasymmetrien, Kompetenzen, Entscheidungen und Kontrolle, Teilhabe und Infrastrukturerhalt** sowie **Digitale Daseinsvorsorge** (Deckert 2020a).

R. Deckert et al., *Digitalisierung in der Altenpflege,* essentials, https://doi.org/10.1007/978-3-658-38973-4_1

⨠ **Tipp** Bei Deckert und Langer (2018) kann zu den angesprochenen
Chancen und Grenzen spezifisch mit Blick auf die Sozialwirtschaft
nachgelesen werden.

Die Überlegungen rund um **Digitalisierung** und **nachhaltige Entwicklung** insgesamt reichen heute bis hin dazu, dass **die Würde des Menschen** generell ins Zentrum der Betrachtungen rückt (WBGU 2019). Dies zeigt, wie grundsätzlich die Veränderungen und Gedanken hierzu werden, und ist einmal mehr von großer Bedeutung für ältere Menschen, die mit zunehmendem Alter der Tendenz nach weniger deutlich und intensiv für ihre persönlichen Rechte eintreten können:

> „Letztlich gilt es insbesondere dann, **wenn soziale Dienstleistungen in Kombination mit Technologien tief in die Intimsphäre und das individuelle Leben der Menschen eingreifen**, zu bedenken, wie ‚voice'- und ‚exit'-Optionen erhalten und verwirklicht werden können. [Hervorhebungen ergänzt]" (Deckert und Langer 2018, S. 885)

Vor diesem Hintergrund empfiehlt sich, dass **für Aktivitäten zur Digitalisierung** im vorliegenden Kontext **bereits in frühen Phasen des Designs und der Prototypisierung der Mensch im Mittelpunkt** stehen sollte; ergänzt mit als erstes um Gedanken zum **Implementierungsaufwand.** Eine mittel- bis langfristige Perspektive führt dann hin zu Überlegungen betreffend **Effizienz** und **Nachhaltigkeit.** Hier bietet es sich an – basierend auf dem KIEN-Modell (Englisch: CIES-Model) von Deckert und Wohllebe (2021) aus dem Wirtschaftskontext – zur Charakterisierung von Maßnahmen der Digitalisierung das MIEN-Modell (Englisch: HIES-Model) vorzuschlagen (vgl. Abb. 1.1).

Hier wird einmal mehr deutlich, dass **Entwicklungen rund um Digitalisierung und Nachhaltigkeit** Potenzial zur Übertragung von Wissen zwischen verschiedenen Bereichen tragen. Dies legt hier den folgenden Hinweis nahe: An das Herstellen von Verbindungen zwischen zunächst einmal weit entfernt anmutenden Themenstellungen schließen Überlegungen von Aoun (2017) betreffend **far transfer** an; als etwas, bei dem Menschen einen Vorteil gegenüber Maschinen besitzen:

> „[…] no computer has yet displayed creativity, entrepreneurialism, or cultural agility. […] they cannot perform far transfer well, at least not in the infinite contexts of real life.
> [...] our potential **to master far transfer is our competitive advantage over intelligent machines.** [Hervorhebungen ergänzt]" (Aoun 2017, S. 87)

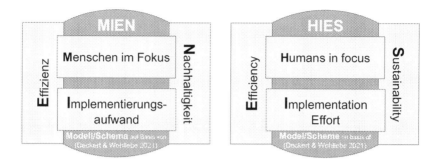

Abb. 1.1 MIEN-Modell bzw. HIES-Model zur Charakterisierung von Maßnahmen der Digitalisierung auf Basis des KIEN-Modells bzw. CIES-Model nach Deckert und Wohllebe (2021)

Das Herstellen solcher Verbindungen, die zudem **den Menschen in den Mittelpunkt stellen,** und der **wirksame Austausch von Erfahrungen zum Wohle und im Sinne der Würde des Menschen** kann auch einer möglichen „**digitalen Unverantwortlichkeit**" entgegenwirken, „bei der im Zweifel beispielsweise Anwender auf Programmierer zeigen und umgekehrt, und bei der die eine bzw. den einen allein die Ethik und die andere bzw. den anderen allein Geschäftspotenziale interessieren. Dies zu verhindern ist unser aller Aufgabe, in der jeder von uns Verantwortung übernimmt" (Deckert 2020a, S. 31). Hier findet Designverständnis Anschluss, das – über „das Schöne und Attraktive" sowie „das Nützliche und Effiziente" hinaus – vor allem auch „**das Richtige und Gute** [Hervorhebung ergänzt]" (Schweppenhäuser 2016, S. VIII) für die Anwendung neuer Technologien wirksam adressiert. Hierfür sind **Interdisziplinarität** – die auf dem Weg ins aufkommende Zeitalter des Anthropozäns generell als wertvoll gelten kann (Deckert 2021) – und ein **verantwortungsvoller Umgang mit Chancen und Grenzen** auf allen Ebenen wichtig. So findet auch verbunden mit Gedanken rund um

„Die Menschheit kommt zu sich selbst" (WBGU 2019, S. 7)

hier Anschluss, dass wir **gemeinsam für das Wohl und die Würde von Menschen eintreten;** und dies einmal mehr in der Altenpflege, da **zu pflegende Menschen in besonderer Weise auf Hilfe, Ansprache, Fürsprache** und **das Einstehen anderer für ihre Belange** angewiesen sind. Insoweit **entstehen im Umfeld der Altenpflege vielleicht auch Lösungen, die** – das Wohl und die

Würde von Menschen sowie die Zugewandtheit zum Menschen betreffend – in **besonderer Weise Beispiel für andere Bereiche geben können.**

> ▶ **Tipp** Digitale Lösungen entstehen auch im Sinne **digitaler Teilhabe** gemeinsam mit Menschen insbesondere mit Behinderungen, wofür beispielsweise hier https://piksl.net/ (abgerufen am 01.05.2022) nachgelesen werden kann.

Ausgewählte Grundlagen zu Digitalisierung

▷ Soll die zukünftige Entwicklung am Wohl und an der Würde des Menschen ausgerichtet werden und möchte man zugleich die Potenziale nutzen, die Maschinen und Algorithmen bieten, dann wird plausibel, „dass **die richtig smarten Lösungen** wohl **weder rein maschinell noch rein menschlich sind, sondern erst im sinngebenden Zusammenwirken von Menschen und Maschinen entstehen** [Hervorhebung ergänzt]" (Deckert und Meyer 2020, S. 15 f.).

Mit den Ausführungen im vorliegenden Kapitel finden sich vor allem auch ausgewählte Gedanken rund um das Verhältnis von Menschen und Maschinen bzw. Algorithmen. Die nachfolgende Gliederung basiert ursprünglich auf dem Dreiklang **Digitalisierung, Vernetzung** und **(Künstliche) Intelligenz,** in dem die aktuellen Entwicklungen rund um Industrie 4.0 eine begriffliche Verankerung finden (Lübbecke 2015); die Anlehnung an diesen Dreiklang hat sich an anderen Stellen bewährt und erfolgt auch hier mit den nachfolgenden drei Abschnitten.

2.1 Von den Anfängen der Digitalisierung bis zu Strategischer Mensch-Maschine-Partnerschaft

Das **Nützliche/Effiziente** und das **Schöne/Attraktive** (vgl. Kap. 1) finden mit der Erfindung des Jacquardwebstuhls, der mit Lochkartensteuerung ausgestattet **als älteste digitale Maschine** (Harlizius-Klück 2014) gelten kann, bereits um das frühe 19. Jahrhundert herum eine Verbindung.

R. Deckert et al., *Digitalisierung in der Altenpflege*, essentials, https://doi.org/10.1007/978-3-658-38973-4_2

▶ **Tipp** Beispielsweise kann unter folgenden drei Links:
https://blog.hnf.de/weben-mit-lochkarten/
https://archive.org/details/jacquardmachines00amer/page/n5/
mode/2up
https://www.deutschlandfunk.de/vom-webstuhl-zum-computer.871.
de.html?dram:article_id=126687
(alle abgerufen am 05.05.2022).
je nach Interesse einiges zum Jacquardwebstuhl erfahren werden.

Am 12. Mai **1941** stellt Konrad Zuse in Berlin den ersten funktionsfähigen
Digitalrechner Z3 vor (Zuse 2022). Die **zentrale Einheit für Information**
„binary digits" – oder kurz „*bits*" – findet **1948** Erwähnung und geht nach
Shannon (1948) auf J. W. Tukey zurück. Als eine erste technisch geprägte
Orientierung kann für den Begriff Digitalisierung folgendes Verständnis zugrunde
gelegt werden:

> „*Teile unserer Lebenswelt mittels Bits und Bytes [...]* **digital** *zu erfassen* bedeutet,
> dass *kontinuierlich und stufenlos gedachte (analoge) Wertebereiche von Merkmalen
> unserer Lebenswelt auf diskrete (gestufte) Wertebereiche abgebildet werden*
> [Hervorhebung ergänzt]" (Deckert und Langer 2018, S. 873).

Digitalisierung bietet vor allem auch verbunden mit der Sammlung, Speicherung,
Verarbeitung und Analyse von Daten vielfältige Möglichkeiten. Dabei kann
unsere Lebenswelt digital mehr oder weniger genau abgebildet werden: Als
ein Beispiel dienen hier mehr oder weniger gut aufgelöste digitale Bilder, die –
gespeichert mittels Dateien – mehr oder weniger Speicherplatz benötigen. Von
diesem einfachen Gedanken aus soll hier folgende plakative Abstraktion erfolgen:
Man muss sich – wie nachfolgend wiederholt deutlich wird – beim **Einsatz von
Maschinen und Algorithmen wieder und wieder sehr gut überlegen,** welche
„Unschärfen" nach Art und Umfang insbesondere aus Gründen der Effizienz
zugelassen werden. Insoweit vor allem auch für den Einsatz von Maschinen und
Algorithmen stets **das Wohl und die Würde des Menschen** an oberster Stelle
stehen sollten, findet dann das Nützliche/Effiziente – und gegebenenfalls auch
das Schöne/Attraktive – Verbindung mit dem **Richtigen/Guten;** als Kategorien
zu Design, die Schweppenhäuser (2016) folgend bereits in Kap. 1 angesprochen
wurden.

Ausgewählte Zahlenwerte

- Das nach dem Intel-Mitbegründer Gordon Moore benannte **Moore'sche Gesetz** wird unter https://www.intel.com/content/www/us/en/history/ museum-gordon-moore-law.html (abgerufen am 01.05.2022) auf der Internetseite von Intel wie folgt angegeben: „**The number of transistors incorporated in a chip will approximately double every 24 months** [Hervorhebung ergänzt]."
- Die **Rechenleistung** gemessen in FLOPS (Floating Point Operations Per Second) wird von Zuses Z3 im Jahre **1941** zum Rechner Tianhe-2 im Jahre 2014 um einen **Faktor von ungefähr 10^{17} oder ungefähr 2^{57} gesteigert** (Ludwig 2015).

Verbunden mit der Entwicklung zur Digitalisierung prägen sich **Schlüsseltechnologien** aus, wofür bereits zu Beginn von Kap. 1 im Rückgriff auf den WBGU (2019) – der sich insbesondere mit unserer **Zukunft rund um Digitalisierung und nachhaltige Entwicklung** befasst – Beispiele benannt wurden. Die Möglichkeiten rund um die Digitalisierung können dabei stets als **Mittel zum Zweck** eingeordnet werden, womit sich dann bei jeder Anwendung dieser Möglichkeiten die Frage nach den Zwecken stellt; und dies **ohne das Wohl und die Würde des Menschen als Zweck in den Hintergrund zu stellen**. Folgende Zitate verdeutlichen dies zusammenfassend für Algorithmen:

„We need to **audit algorithms, watch out for inequality,** and **reduce bias in computational systems, as well as in the tech industry.** [Hervorhebungen ergänzt]" (Broussard 2018, S. 194)
„Questions about the **judgments implicit in machine-driven decisions** are more important than ever **if we are to choose how to live a good life.** Understanding **how ethics affect the algorithms** and **how these algorithms affect our ethics** is one of the biggest challenges of our times. [Hervorhebungen ergänzt]" (Parmar und Freeman 2016, S. 11)

Insoweit wird einmal mehr untermauert, dass im Zusammenwirken von Menschen und Maschinen inklusive Algorithmen die Sinngebung aufseiten des Menschen liegen sollte:

„There is **a level of sense-making that only a human strategist is capable of** —
at least for now. It's a skill that will be more prized than ever as we enter an era
of truly **strategic human-machine partnerships.** [Hervorhebungen ergänzt]"
(Davenport 2016, S. 23)

Vor diesem Hintergrund – und vor allem auch, um diese Risiken und mög-
liche Nebenwirkungen konsequent zu berücksichtigen – ist für die **Strategische
Mensch-Maschine-Partnerschaft** (#StratMMP) zu empfehlen, insgesamt
Überlegungen zu **Sinngebung, Kontrolle, Teilhabe, Design, Interaktion, Vernetzung** und **Intelligenz** einzubeziehen (Deckert 2020b; Deckert et al. 2019).
Hiermit können Beiträge geleistet werden, die etwaigen **Strategielücken
betreffend Digitalisierung** in der öffentlichen Verwaltung – die mit Altenpflege
verzahnt ist – **entgegenwirken** (Deckert 2019a, 2020a). Für den **Einsatz von
Maschinen inklusive Algorithmen in der Altenpflege** wird hier die Bedeutung
dieser Kategorien anhand folgender **beispielhafter Fragestellungen** verdeutlicht:

- **Sinngebung:** Wie werden durch den Einsatz von Maschinen inklusive
  Algorithmen das Wohl und die Würde von zu pflegenden Menschen zu jeder
  Zeit geschützt und zusätzlich abgesichert?
- **Kontrolle:** Wie werden in jeder Situation genau welche Risiken und mög-
  lichen Nebenwirkungen des Einsatzes von Maschinen inklusive Algorithmen
  sicher beherrscht?
- **Teilhabe:** Welche Formen der Teilhabe von zu pflegenden Menschen bestehen
  je nach Situation unter der Rahmenbedingung des Einsatzes von Maschinen
  inklusive Algorithmen?
- **Design:** Auf welche Weise werden Nützlichkeit und Effizienz, Ästhetik sowie
  Richtiges und Guten miteinander verbunden und dabei das Wohl und die
  Würde des Menschen stets gewahrt?
- **Interaktion:** Inwieweit sind die Interaktionen mit Maschinen inklusive
  Algorithmen auf die individuellen Bedürfnisse der zu pflegenden Menschen
  abgestimmt?
- **Vernetzung:** Inwieweit findet das individuelle Bedürfnis der zu pflegenden
  Menschen nach Vernetzung Berücksichtigung?
- **Intelligenz:** Bringen der zu pflegende Mensch und die Maschinen inklusive
  Algorithmen jeweils ihre Stärken in die Strategische Mensch-Maschine-
  Partnerschaft (#StratMMP) ein?

Hier wird einmal mehr deutlich, dass die richtig smarten Lösungen auch „durch
wohlausgewogen mehreren Zielen gleichzeitig dienendes Handeln geprägt

sind" (Deckert 2021, S. 25). In Gedanken wie diesen kann eine „**Smartly Sustained Society** […], in der die Entwicklungen rund um Digitalisierung und nachhaltige Entwicklung zum Wohl des Menschen fokussiert werden" (Deckert et al. 2019, S. 2), Orientierung finden.

> ⯈ **Tipp** Unter dem Link https://www.researchgate.net/publication/
> 336471430_Strategische_Mensch-Maschine-Partnerschaft_-_
> Begriffs-_und_Bedeutungskategorien_ausgehend_von_
> Digitalisierung_nachhaltiger_Entwicklung_und_weiteren_
> Kontexten (abgerufen am 01.05.2022) lässt sich bei Deckert et al.
> (2019) zu Strategischer Mensch-Maschine-Partnerschaft nachlesen.

2.2 Vernetzung von Menschen und Materie

Mit diesem Abschnitt soll kurz an die Gedanken im Kontext von Strategischer Mensch-Maschine-Partnerschaft oben angeschlossen werden. Ein Kerngedanke ist dabei, dass die **Vernetzung von Materie,** wie diese beispielsweise rund um Industrie 4.0 – mit Lange (Lange 2018, S. 320 f.) kann auch von einer „Chiffre 4.0" oder von einem „Etikett 4.0" gesprochen werden – im **Internet der Dinge** zum Ausdruck kommt, auch mit Blick auf die Auswirkungen auf den Menschen betrachtet werden sollte. Insoweit sind **Vernetzung von Materie und Vernetzung von Menschen verknüpft zu sehen.** Bauer et al. (2014, S. 17) folgend schließt sich an das „Internet der Dinge (Zeitalter Mobiler Geräte)" das „**Internet of Everything** (Menschen, Prozesse, Daten, Dinge) [Hervorhebung ergänzt]" an. Zudem bringen Betrachtungen zur Vernetzung von Menschen gesonderte Qualitäten in die Gedanken insgesamt ein wie beispielsweise:

- **Small World Problem:** Bereits vor dem Internetzeitalter wird festgestellt, dass zwei bei Travers und Milgram (1969) unter gewissen Bedingungen ausgewählte Menschen typischerweise über wenige weitere Menschen miteinander bekannt sind, und unter den von Dodds, Muhamad und Watts (2003) gewählten Bedingungen bestätigt sich dies verbunden mit dem Internet.
- **Internetnutzung:** Nach D21 Digital Index 2020/2021 ist die **Internetnutzung** in Deutschland heute zu charakterisieren durch: ca. 88 % „OnlinerInnen" (gestiegen von 81 % im D21 Digital Index 2017/2018) und eine mobile Internetnutzung bei ca. 80 % (gestiegen von 64 % im D21 Digital Index 2017/2018), wobei 12 % als „OfflinerInnen" gelten, von denen 72 % 65 Jahre oder älter sind (Initiative D21 2021, 2018).

- **Lerntheorie:** Die Bewertung von Aoun (2017, S. 87) zu „far transfer" (vgl. Kap. 1) kann einmal mehr dazu ermutigen, bewusst Verbindungen zwischen weit entfernt anmutenden Themen herzustellen. Zu Verbindungen (englisch: Connections) kommt eine theoretische Entwicklung ins Blickfeld und zwar die mit Beginn des 21. Jahrhunderts aufkommende Lerntheorieströmung des **Konnektivismus** (englisch: **Connectivism**). Siemens (2006) folgend haften **Behaviorismus, Kognitivismus** und **Konstruktivismus** als Lerntheorien im 20. Jahrhundert Einschränkungen an und zwar, dass 1) Lernen stets in Personen bzw. Gehirnen stattfindet, 2) der Evaluation zum Wert von Informationen und Fähigkeiten zur Synthetisierung und Erkennung von Verbindungen/Mustern wenig Raum zukommt und 3) technologische Entwicklungen unbeachtet bleiben. Vor diesem Hintergrund stellt Siemens (2006) den Konnektivismus zur Diskussion, der wohl bis heute nicht überall als Lerntheorie akzeptiert ist, aber nach Campbell und Schwier (2014, S. 367) als aufkommende Lerntheorie im 21. Jahrhunderts gelten kann. Alle vier Lerntheorieströmungen können je nach Anwendungsfall Beiträge zur Beschreibung und Gestaltung von Lernen leisten. Nach Anderson und Dron (2011, S. 80 ff.) folgt die „connectivist pedagogy" als dritte Generation auf „cognitiv-behaviourist" und die „social constructivist […] pedagogy" und ist Ausgangspunkt für die nächste (also hier die 4.) Generation, die sich mit Blick auf die Befähigung von Menschen, sich mit Wissen zu verbinden und Wissensquellen zu erschließen, als (kollektiv) intelligenter erweisen könnte.

Für die **Altenpflege** stellt sich vor diesem Hintergrund insgesamt die Frage, welche **individuellen Bedürfnisse zu pflegende Menschen mit Blick auf die Vernetzung mit anderen Menschen nach Art, Umfang und Qualität** haben und **wie dies realisiert werden kann. Die Realisierung dieser Vernetzung sollte durch den Einsatz von Maschinen und Algorithmen nicht konterkariert werden.** Dies wird auch durch folgenden Gedanken untermauert: Nicht allein, sondern 1) **verbunden zu sein,** gehört neben 2) **Wachstum** zu zwei wesentlichen Erfahrungen, die wir Menschen Hüther (2011) folgend bereits aus dem Mutterleib auf diese Welt mitbringen. **Technologische Entwicklungen** verbunden beispielsweise mit dem Internet, dem Internet der Dinge, Maschinen und Algorithmen **sollten dem Wohl und der Würde des Menschen – und dabei auch seinem Bedürfnis nach Vernetzung – stets zuträgliche Ausgestaltung und Anwendung finden.**

2.3   Künstliche, technische oder maschinelle Intelligenz

Verbunden mit dem Einsatz **Künstlicher (oder auch technischer oder maschineller) Intelligenz (KI)** sind gesellschaftliche Herausforderungen – insbesondere betreffend Kontrollverlust und Ungleichheiten – und zudem Grenzen im Blick zu behalten; und zwar „Grenzen dessen, was künstliche Intelligenz vermag, und […] Grenzen dessen, wofür wir künstliche Intelligenz einsetzen wollen; und dies zum Wohle und im Sinne der Würde des Menschen" (Deckert und Hötter 2020). Bezogen auf die Big Five einer wünschenswerten Entwicklung zu KI betreffend.

- „**Achtsamkeit** zu Risiken und Nebenwirkungen",
- „**Anstrengungen** zur Ausrichtung am Wohle des Menschen",
- „**Aufklärung** des Menschen über den Einsatz von Algorithmen" sowie
- „**Anleitung** zur wirksamen Förderung eigener Kompetenzen"
  als notwendige Voraussetzungen dafür, dass KI dann auch ein.
- „„**Abenteuer** in positivem Sinne" werden kann (Deckert und Meyer 2020, S. 37),

gilt es **mit Blick auf die Altenpflege zu beachten,** dass dies insgesamt – soweit irgend möglich – **stellvertretend für diejenigen zu pflegenden Menschen zu gewährleisten ist, die ihre eigenen Belange nicht mehr selber angemessen vertreten können.** Dies kann auch in Abstufungen notwendig sein; insbesondere bei mit zunehmendem Alter abnehmenden Fähigkeiten. Selbstverständlich ist hierbei **pflegendes und weiteres Personal einzubeziehen.** An dieser Stelle wird folgender Hinweis gegeben:

> „Die informationstechnologischen Errungenschaften könnten nicht zuletzt unsere Aufmerksamkeit und Wertschätzung auf die nicht unmittelbar kognitiven Kapazitäten lenken, die oft pauschal als **emotionale und soziale Intelligenz** bezeichnet werden. Diese waren vermutlich mindestens so zivilisationsbildend wie die Leistungen des Messens, Rechnens und Dokumentierens. KI würde uns möglicherweise eine gewisse Emanzipation von den Letzteren erlauben und eine stärkere Hinwendung zu Fähigkeiten wie **Empathie, Fürsorge** und **Solidarität** gestatten [Hervorhebung ergänzt]" (WBGU 2019, S. 7).

Auch hier wird deutlich, „dass **die richtig smarten Lösungen** wohl **weder rein maschinell noch rein menschlich sind, sondern erst im sinngebenden**

Zusammenwirken von Menschen und Maschinen entstehen [Hervor-
hebung ergänzt]" (Deckert und Meyer 2020a, S. 15 f.). Aus einer strategischen
Perspektive heraus betrachtet sollte gerade auch in einer Strategischen Mensch-
Maschine-Partnerschaft **analytisches und logisches mit holistischem und
intuitivem Denken verbunden** werden (de Wit und Meyer 2014). Dies insgesamt wirkt grundlegend dafür, dass **für Pflege und unterstützende Prozesse
zusammen** eine **Ausrichtung am Menschen** im Einklang mit dem MIEN-
Modell (vgl. Kap. 1) möglich wird bzw. bleibt.

Ausgewählte Grundlagen zur Altenpflege

3

> Die Sozialwirtschaft und mit ihr als bedeutender Teil die Pflege-
> branche haben vor allem das Wohl und die Würde von Menschen
> sowie die Funktionalität gesellschaftlicher Strukturen betreffend viel-
> fältige Wirkungen. Die Altenpflege hat dabei in den letzten zehn
> Jahren auch eine zunehmende volkswirtschaftliche Bedeutung
> erlangt. Aktivitäten zur Digitalisierung sind kein Selbstzweck, sollten
> stets den Menschen in den Mittelpunkt stellen und haben konsequent
> die Besonderheiten für Dienstleistungen in der Altenpflege zugrunde
> zu legen; nicht zuletzt die Grundbedürfnisse und die Lebensqualität
> von alternden Menschen sowie die Pflege von Beziehungen mit ihnen
> und ihre soziale Einbindung betreffend.

Um die Reproduktion von Arbeitskraft und damit die Funktionalität gesellschaftlicher Strukturen und der darin immanenten gesellschaftlichen Arbeitsteilung
sicherzustellen, ist ein qualitativ hochwertiges und bedarfsgerechtes System
sozialer Dienstleistungsarbeit grundlegend, sodass die Versorgung, Betreuung
und Begleitung kranker, älterer, sterbender, pflege- und rehabilitationsbe-
dürftiger Menschen oder die Assistenz bei Menschen mit körperlichen oder
kognitiven Einschränkungen – jederzeit und auch vorausschauend – gewährleistet ist. Hierbei wirkt die Sozialwirtschaft insgesamt und auf vielfältige Weise
auf gesellschaftlicher und individueller Ebene; vor allem auch das Wohl und die
Würde von Menschen betreffend sowie auch mit Blick auf die Reaktionsfähig-
keit auf und die Anpassung an (demographische) Veränderungen. Lebensqualität, Würde, Autonomie und Selbstbestimmung, wie sie in der Charta der Rechte
hilfe- und pflegebedürftiger Menschen niedergelegt sind (Bundesministerium
für Familie, Senioren, Frauen und Jugend 2018), stellen elementare Leitlinien

der Versorgung dar und müssen in institutionelle Strukturen eingebettet werden. Zudem sollten auch die Erfahrungen mit der COVID19-Pandemie in Deutschland vielfach dafür sensibilisieren, dass eine rein familiär getragene Absicherung des Risikos von Pflegebedürftigkeit diesen vielfältigen Anforderungen kaum gerecht werden kann; einmal mehr mit Blick auf die Krisenreaktionsfähigkeit der Gesellschaft insgesamt. Neben der gesellschaftlichen Funktion der Versorgung kommt speziell dem Sektor der Pflegewirtschaft eine zunehmende volkswirtschaftliche Bedeutung zu, wie sich an der Entwicklung zur Bruttowertschöpfung der ambulant und (teil)stationär erbrachten Pflege ablesen lässt, die dem Bundesministerium für Wirtschaft und Energie (2021a, S. 36) folgend seit dem Jahre 2011 um 7,4 % pro Jahr für ambulante Pflege und um 4,8 % pro Jahr für (teil) stationäre Pflege ansteigt.

3.1 Die Altenpflege als Teil der Sozial- und Pflegewirtschaft

3.1.1 Institutionen und Kunden

Laut Pflegestatistik existieren in Deutschland am 15.12.2019 14.688 **ambulante Pflege- und Betreuungsdienste,** davon 9770 in privater Trägerschaft, 4720 freigemeinnützige Träger und 198 öffentliche Träger mit 421.550 Beschäftigten, die 982.600 Pflegebedürftige betreuen (Statistisches Bundesamt 2020); das sind im Durchschnitt ca. 67 Pflegebedürftige pro Dienst.

An **Pflegeheimen** findet sich ebenfalls am 15.12.2019 in Deutschland eine Anzahl von 15.380, davon 6570 private, 8.115 freigemeinnützige und 695 mit öffentlichem Träger, wobei insgesamt ca. 796.500 Beschäftigte ca. 818.300 pflegebedürftige Bewohnerinnen und Bewohner versorgen und 11.317 der Pflegeheime insgesamt als Pflegeheime mit vollstationärer Dauerpflege ausgewiesen werden (Statistisches Bundesamt 2020). Die durchschnittliche Größe der Einrichtungen liegt bei im Durchschnitt 62 Pflegeplätzen und es existieren zusätzlich 4000 Einrichtungen der Kurzzeit- oder Tagespflege (Statistisches Bundesamt 2020).

Über alle Pflegegrade der sozialen Pflegeversicherung hinweg werden in der Pflegestatistik für das Jahresende 2019 **4,1 Mio. Pflegebedürftige** ausgewiesen, von denen 20 % in stationären Pflegeeinrichtungen versorgt werden (Statistisches Bundesamt 2020). Für die übrigen 3,3 Mio. dieser Pflegebedürftigen übernehmen bei 2/3 Angehörige allein die Versorgung in der häuslichen Pflege, bei einem Drittel erfolgt eine Unterstützung durch ambulante Pflegedienste (Statistisches

Bundesamt 2020). Nach Heger (2021) kann für die Anzahl der **Pflegebedürftigen bis zum Jahre 2040 ein Anstieg auf 4,98 Mio. Menschen** erwartet werden, wovon gemäß dieser Prognose 1,25 Mio. Menschen vollstationär gepflegt werden.

Die Akteure in der Pflegebranche stehen aufgrund der **steigenden Versorgungsbedarfe** und Belastungen beruflich Pflegender sowie akuter Personalengpässe vor neuen Herausforderungen, die **Arbeitsorganisation und Arbeitsgestaltung** den veränderten Rahmenbedingungen anzupassen; zusätzlich zu den Bemühungen neue Beschäftigte für die Pflege anzuwerben. Der zusätzliche Personalbedarf bis zum Jahr 2040 schwankt je nach Szenario, wobei Heger (2021) Bezug nehmend auf ein Basisszenario von über 150.000 zusätzlichen Pflegekräften und über 400.000 zusätzlichen Beschäftigten insgesamt ausgeht. Für den Zeitraum vom 1.7.2020–30.6.2021 ermitteln Seyda et al. (2021) im Jahresdurchschnitt in der Altenpflege eine Fachkräftelücke von 17.515 Personen und 20.861 offene Stellen bezogen auf 267.000 sozialversicherungspflichtig Beschäftigte im Jahre 2020 insgesamt.

Vor diesem Hintergrund insgesamt rücken **(informations-)technisch geprägte Unterstützungsszenarien** in den Blickpunkt und dies verbunden mit der Reorganisation von Arbeitsorganisation und Arbeitsgestaltung in der Sozialwirtschaft, um Erleichterungen in der Pflegearbeit zu schaffen.

3.1.2 Der besondere Charakter der Dienstleistung

Die Erbringung einer Dienstleistung weist – verglichen mit Herstellung eines Produktes als Ware – Besonderheiten auf. Diese sind vor allem auch zu charakterisieren als **fehlende Lagerfähigkeit, Untrennbarkeit von Produktion und Konsumption** sowie **Heterogenität** verbunden damit, dass verschiedene Kunden als an der Dienstleistung Beteiligte jeweils Einfluss auf die Erbringung der Dienstleistung nehmen; bei Zeithaml et al. (1985) auch „Perishability (Cannot be inventoried)", „Inseparability" und „Heterogenity". Verbunden mit der Untrennbarkeit als Kennzeichen findet auch der Ausdruck uno-actu-Prinzip Anwendung ebenso wie das Prinzip der Koproduktion – ohne die Mitwirkung des Kunden (Patient/Bewohner/Klient) kommt die Dienstleistung nicht zustande, er nimmt Einfluss auf die Art und Weise ihrer Ausführung –, wie sich beispielsweise bei Pongratz (2012) im hier relevanten Kontext beschrieben findet. Mit diesem Verständnis insgesamt steht bereits bei einer nicht weiter spezifizierten Dienstleistung generell in einer gewissen Weise **der Mensch im Fokus** und diesbezüglich ist das MIEN-Modell (vgl. Kap. 1) bereits auf dieser Ebene anschlussfähig.

Die Erbringung einer Dienstleistung – oder auch: Dienstleistungsarbeit – ist eng mit **Interaktionsarbeit** verbunden, deren Spezifität sich Böhle et al. (2014) folgend entlang von vier Anforderungen beschreiben lässt; wie hier beispielhaft für Pflegearbeit verdeutlicht wird:

- **Kooperationsbereitschaft** – Herstellung einer Beziehung, um eine Voraussetzung zur Durchführung von Pflegetätigkeiten zu schaffen,
- **Emotionsarbeit** – Umgang mit den eigenen Gefühlen (z. B. Ekel, Scham), die bei der Pflegearbeit auftreten können,
- **Gefühlsarbeit** – Umgang mit den Gefühlen anderer (Bewohner, Angehörige) wie Trauer oder Verlust,
- **Subjektivierendes Arbeitshandeln** – Umgang mit den Unwägbarkeiten in der aktuellen Versorgungssituation oder -planung aufgrund des Aushandelns der konkreten Pflegevornahme mit dem Bewohner.

Hier nicht unerwähnt bleiben soll, dass heute rund um den (Dienst-)Leistungsbegriff vielfältige Überlegungen angestellt werden, die sich über **Ressourcen** und **Prozesse** hinaus insbesondere auch auf **Ergebnisse** und auf **Wirkungen** beziehen, wozu sich beispielsweise bei Deckert (2006, S. 112 ff.) im Kontext von Verwaltungsleistungen nachlesen lässt. Mit Blick auf Interaktionsarbeit in der Altenpflege wird schon anhand der bisherigen Ausführungen oben unmittelbar klar, dass die Erbringung einer Pflegedienstleistung bei gepflegten und pflegenden Menschen – insbesondere auch emotional – nachwirken kann; im positiven wie im negativen Sinne. Diese Nachwirkung zeigt sich als wichtiger Bedingungsfaktor, wenn die pflegerische Gestaltung des Versorgungsprozesses festgelegt werden soll, insbesondere wenn digitale Technologien in den Vermittlungsprozess zwischen der Pflegeperson auf der einen Seite sowie der Pflegeempfängerin und dem Pflegeempfänger auf der anderen Seite eingreifen.

3.2 Pflege und Digitalisierung

Im Blickpunkt der ambulanten und (teil)stationären Einrichtungen stehen **die Patientin und der Patient bzw. die Bewohnerin und der Bewohner mit ihren und seinen spezifischen Bedürfnissen, an denen sich die pflegerische Versorgung orientiert.** Verbunden mit der Interaktionsarbeit (vgl. Abschn. 3.1) ist der Pflegeberuf insbesondere auch durch eine **Körpernähe (Leiblichkeit)** geprägt (Usarewicz und Moers 2012). Zu nennen sind hierbei u. a. der Aufbau einer Beziehung zu Bewohnerinnen und Bewohnern bzw. zu Patientinnen und Patienten, die Kommunikation sowie die Nähe zum Körper der Patientinnen und Patienten, die häufig mit **Berührungen** einher gehen. Pflegerische Interventionen sind teilweise sehr intim und stellen für Bewohnerinnen und Bewohner eine sensible Versorgungssituation dar. Orientiert sich die Pflege an Interaktion und kommunikativen Gesichtspunkten, ist

> „die an **den Grundbedürfnissen ansetzende Beziehungsarbeit** in **existentiellen, die Integrität bedrohenden Lebenssituationen** [Hervorhebung ergänzt]" (Friesacher 2008, S. 333)

von essenzieller Bedeutung und wird u. a. von Friesacher (2008) als der **Kernbestand der Pflege** bezeichnet. Der grundlegende **therapeutische Wert** der **professionellen Pflege** zeigt sich

> „in der **Körperpflege**, in der Unterstützung der **Mobilisation**, dem **Essen anreichen**, dem **Verhindern von Komplikationen**, dem **Beraten**, **Aufklären**, **Informieren** und **Anleiten**, dem **Begleiten**, **Trösten** und **professionelle Nähe zulassen** [Hervorhebung ergänzt]" (Friesacher 2019, S. 7).

Bemühungen um **Digitalisierung in der Altenpflege** treffen somit auf eine komplexe Problemlage, die nicht nur durch den demografischen Wandel und die Veränderung des Krankheitsspektrums gekennzeichnet, sondern auch durch die Professionalisierungsbestrebungen und die Herausbildung eigener Handlungsfelder geprägt ist (Wüller und Koppenburger 2021). Wenn **digitale Anwendungen** in den Tätigkeitsbereichen der Pflege eine unterstützende Wirkung erzielen sollen, müssen sie mit dem skizzierten pflegerischen Paradigma kongruent sein. Sie beeinflussen

> „das **Zusammenwirken zwischen den Akteuren** (Pflegende und Gepflegte), den **organisatorischen Prozess im pflegerischen Setting** und die damit zusammenhängenden **Informationsbeziehungen zwischen den Akteuren** [Hervorhebung ergänzt]" (Zerth et al. 2021, S. 161).

In pflegewissenschaftlichen Veröffentlichungen finden sich zahlreiche Versuche einer Systematisierung von digitalen Anwendungen in der pflegerischen Versorgung. Hier soll eine Gliederung anschließend an Zerth et al. (2021) genutzt und mit eigenen Beispielen verdeutlicht werden:

- **Elektronische Dokumentationssysteme,** zum Beispiel: Spracherkennung und Steuerung in der Pflegedokumentation (vgl. Abschn. 4.1.1)
- **Telecare,** zum Beispiel: Augmented Reality (vgl. Abschn. 4.1.2)
- **Teil- und vollautonome Systeme (Robotik),** zum Beispiel: Robotik (vgl. Abschn. 4.1.3)
- **Assistenzsysteme,** zum Beispiel: Sturzsensorik (vgl. Abschn. 4.1.4)

Die **Integration digitaler Anwendungen in die pflegerische Dienstleistungserbringung stellt keinen Eigenwert dar und kann nicht isoliert betrachtet werden,** sondern erst die entlastende –und idealerweise qualitätsverbessernde – Veränderung gewohnter Arbeitsformen (als Kontext, in dem Technologie zum Einsatz kommt), die Begleitung und Unterstützung der Beschäftigten in der Einführungsphase sowie die Etablierung arbeitsprozessunterstützender Bildungsprozesse sichern die Umsetzung innovativer Leistungserbringungsstrukturen in Betrieben (Rascher, Recken und Schmidt 2020). Außerdem müssen in den Einrichtungen **stabile Internet- und WLAN-Systeme** vorgehalten und eine **Datenschutz**-Folgeabschätzung nach § 35 DSGVO vorgenommen werden.

Anwendungsfelder und Erfolgsfaktoren zur Digitalisierung in der Altenpflege

4

> Die in der Gesellschaft breit raumgreifenden Entwicklungen rund um Digitalisierung bringen einiges Überraschende hervor; bis hin zur Durchführung von Zeremonien für ausgemusterte Roboterhunde. Möchte man die Entwicklungen insgesamt im Sinne des Wohls und der Würde von Menschen nutzen, so empfiehlt es sich zunächst also, **sich grundsätzlich offen zu zeigen.** Zugleich **muss – alle konkreten Auswirkungen von Maßnahmen der Digitalisierung betreffend – mit aller Vorsicht und Vernunft von Beginn an der Mensch im Blick behalten werden;** und dies einmal mehr dort, wo Menschen die Auswirkungen nicht sämtlich und umfassend überblicken, und dort, wo Menschen ihre eigenen Belange nicht mehr umfassend und nachdrücklich vertreten können. **Die Altenpflege ist demnach ein Bereich, der in diesem Sinne allerhöchste Aufmerksamkeit erfordert.**

4.1 Ausgewählte Anwendungsfelder

Im Folgenden werden beispielhaft vier digitale Technologien beschrieben, die aus dem Kreis der Autoren heraus in den jeweiligen Versorgungssettings eingesetzt und untersucht worden sind und die entsprechend der Ausführungen in Abschn. 3.2 insgesamt ein breites Spektrum umfassen.

© Der/die Autor(en), exklusiv lizenziert an Springer Fachmedien Wiesbaden GmbH, ein Teil von Springer Nature 2022
R. Deckert et al., *Digitalisierung in der Altenpflege*, essentials,
https://doi.org/10.1007/978-3-658-38973-4_4

4.1.1 Digitalisierung in der Pflegedokumentation – neue Möglichkeiten durch Spracherkennung und Sprachsteuerung

Die Pflegedokumentation stellt ein Instrument dar, das dem **inner-, aber auch interprofessionellen Austausch** dient, um Informationen weiterzureichen, so dass die **Kontinuität der pflegerischen Versorgung organisiert und letztlich sichergestellt wird** (Höhmann et al. 1996). Dies zeigt sich u. a. darin, den Informationsfluss der Pflegepersonen mit anderen Verantwortungsbereichen (z. B. Verwaltung, Hausarzt, Physiotherapie) zu **vernetzen,** das Leistungsgeschehen in der Pflege **transparent** zu machen, Informationen für Abrechnung, Qualitätsmanagement und Controlling bereit zu stellen und einen rechtssicheren **Nachweis des Pflegehandelns** sowie **vertragliche und gesetzliche Verpflichtungen** zu gewährleisten. Schon in den 90'er Jahren entwickelte sich eine Diskussion um den notwendigen **Umfang** der Pflegedokumentation, da das Führen als Belastung oder pflegefremde Tätigkeit eingeschätzt wurde (vgl. Bartholomeyzik et al. 2007).

„Oft beklagen sie sich darüber, **ihr Beruf sei immer weniger die Krankenpflege.**
Sie übten immer mehr den Beruf der Sekretärin bzw. des Sekretärs aus. [Hervorhebung ergänzt]" (Ohm 1986, S. 97)

Zahlreiche Initiativen zur **Vereinfachung** der Pflegedokumentation in der ambulanten und stationären Pflege mündeten ab 2014 – unterstützt durch das Bundesministerium für Gesundheit – in der Entwicklung des „Strukturmodells zur Entbürokratisierung der Pflegedokumentation" (Strukturmodell), das eine **personenzentrierte, übersichtliche** und **effiziente Dokumentation** ermöglichen sollte (Roes 2014). Erklärtes Ziel war eine deutliche Zeitersparnis im Vergleich zu bisherigen Dokumentationssystemen, die durch eine Begrenzung der Verschriftlichung des Pflegeprozesses auf vier Schritte, den Wegfall täglicher Einzelleistungsnachweise in der Grundversorgung sowie eine Beschränkung der Aufzeichnungen im Pflegebericht auf Abweichungen in der Routineversorgung erreicht werden sollte. Kernbestandteile des Strukturmodells sind die Strukturierte Informationssammlung (SIS®) inklusive der Risikomatrix, der Maßnahmenplan, das Berichteblatt sowie die Evaluation (Beikirch und Roes 2014; Arbeitsgruppe technischer Implementierungsleitfaden 2017).

Die **Digitalisierung der Pflegedokumentation** ist in den letzten Jahren immer weiter vorangeschritten. Eine Untersuchung des IGES-Instituts, die im Jahr 2020 veröffentlicht wurde, zeigt jedoch unterschiedliche Grade der Durchdringung in den jeweiligen Einrichtungen: Es waren in der

- ambulanten Versorgung 32,8 %,
- der teilstationären Versorgung 60,5 % und
- der vollstationären Versorgung 80,9 %

der Pflegeplanungen und -dokumentation komplett oder mehrheitlich digitalisiert (IGES Institut 2020, S. 56).

Auf der Basis einer elektronischen Pflegedokumentation stellt sich nun die Frage, inwieweit das Wissensmanagement durch eine Spracheingabe der Informationen verändert werden kann. Für stationäre und mobile Anwendungen (Smartphone oder Tablet-PC) ist **Spracherkennung und Sprachsteuerung** eine Technologie, die ein hohes **Potential für Produktivitätssteigerungen und Arbeitserleichterungen** besitzt. Diese Art der Texterfassung ist dreimal schneller als eine manuelle Eingabe über Tastatur und insbesondere für darin nicht so geübte Schreiber eine Erleichterung (Rascher et al. 2020).

Ausgewählte Vorbemerkungen zu SpracherkennungstechnologieVor der Präsentation der Erfahrungen aus einem Leuchtturm-Projekt in Deutschland, in dem erstmalig eine Spracherkennungssoftware in der Pflegedokumentation wie aufgezeigt eingesetzt wurde, bieten sich einige Vorbemerkungen an.

In einem Systematic Review kommen Zuchowski et al. (2020) auf der Basis von 29 ausgewerteten Studien, die sich überwiegend auf das ärztliche Dokumentationsverhalten im Krankenhaus beziehen, zu dem Schluss, dass sich im Vergleich zu alternativen Diktatserviceleistungen die **Spracherkennungstechnologie als zeit- und kosteneffizient erweisen konnte.** Die Qualität der semantischen Übersetzung in der Spracherkennung wurde jedoch sehr unterschiedlich in den einbezogenen Untersuchungen bewertet, sodass hier keine allgemeine Einschätzung vorgenommen werden konnte.

Auf dem Markt existieren **Systeme der Spracherkennungstechnologie** verschiedener Anbieter, die unterschiedliche Funktionalitäten betonen. Anhand der folgenden drei Anbieter wird – auf Basis von deren Selbstbeschreibungen im Internet – das Spektrum insgesamt beispielhaft deutlich:

- *3 M:* 3M bietet mit 3M™ M*Modal Fluency Direct eine KI-basierte Frontend-Spracherkennung an, die den Workflow über den Entwicklungsschritt von Spracherkennung zu Sprachverstehen verkürzt. Neben der Spracherkennung werden auch Hinweise zur Verbesserung der klinischen Dokumentation gegeben, sodass Fehler und Lücken in der Dokumentation erkannt werden können. Dieser Ansatz fokussiert verstärkt die Erkennung von Triggerbegriffen im Sinne eines "text mining", um die Kodierung von abrechenbaren Leistungen zu optimieren (3 M 2022).

- *Nuance:* Das Produkt der Firma Nuance (Dragon Medical one) verfügt über eine Kombination aus medizinisch ausgerichtetem Thesaurus für die Erkennung von Fachterminologie, einem Deep Learning KI-Ansatz und mehreren SDKs (Software Developer Kits) zur individuellen Anpassung der Interaktionen von Spracherkennungsdienst und Anwendungsapplikationen. Die Lerntechnologie erkennt und lernt die Stimmmuster, Dialekte und Akzente des Anwenders und passt sich an die Akustik der mobilen Umgebungen an (Nuance 2022).
- <u>*Voize:*</u> Mit voize können Pflegekräfte ihre Informationen frei am Smartphone einsprechen. Die künstliche Intelligenz (KI) von voize analysiert die Eingabe und wandelt das Gesprochene automatisch in einen strukturierten Eintrag im entsprechenden Untermenü der Pflegedokumentationssoftware um. So kann auch direkt während oder nach der Vornahme der Pflegetätigkeit dokumentiert werden (Voize 2022).

Im **Projekt Sprint-Doku** – gefördert vom Bundesministerium für Arbeit und Soziales, fachlich begleitet durch die Bundesanstalt für Arbeitsschutz und Arbeitsmedizin und einzusehen unter www.sprint-doku.de (abgerufen am 07.01.2022) – konnten Erfahrungen gesammelt werden, die einen sinnvollen Einsatz der Spracherkennungs- und -steuerungssoftware der zu diesem Zweck für das Projekt als Projektpartner ausgewählten Firma Nuance in den Settings der ambulanten und Kurzzeitpflege betreffen. Die Erprobung erfolgte in der ambulanten und stationären Pflege. Dabei konnte gezeigt werden, dass **die Implementierung digitaler Anwendungen im Bereich der pflegerischen Versorgung erfolgreich umgesetzt werden kann, wenn.**

- die **Passung der pflegerischen Prozesse und der digitalen Technologie** zu Beginn eines Implementierungsprozesses überprüft wird. Dazu muss im ersten Schritt konsequent die Fragestellung untersucht werden, wo die Ausgestaltung des Versorgungsprozesses insgesamt noch inkonsistent ist sowie Belastungen für Pflegekräfte deutlich werden und auf welche Weise diese durch den

Einsatz einer neuen Technologie positiv beeinflusst bzw. verändert werden können. Im Projekt Sprint-Doku zeigten sich im Rahmen einer **Analyse der Arbeitsprozesskette zur pflegerischen Dokumentation** zahlreiche Faktoren mit Relevanz auf soziotechnischer Ebene wie z. B. Doppeldokumentationen, ortsgebundene Möglichkeit der Dokumentation oder Dokumentationsorte, die von mehreren Personen im Wechsel genutzt werden. Hier wird insbesondere deutlich, dass arbeitstechnische und arbeitsorganisatorische Veränderungen verbunden zu betrachten und umzusetzen sind.

- das **Einüben des Umgangs mit der neuen Technologie in einem „geschützten" Raum** stattfindet; d. h. es müssen **Freiräume im Arbeitsalltag** geschaffen werden, um den **Umgang mit dem digitalen Arbeitsinstrument zu erkunden, auszuprobieren** und **umzusetzen.** Zudem hat eine **Unterstützung durch die direkten Vorgesetzten** einen hohen Einfluss auf die **Motivation der Mitarbeiterinnen und Mitarbeiter.** Flankiert werden muss der Initialprozess durch **Schulungen** und **Unterstützung durch Fachexperten.** Im Projekt Sprint-Doku haben sich hierbei **Microschulungen** über 60 min als Basis- und Vertiefungsschulungen sowie die **reale und virtuelle Verfügbarkeit von Expertinnen und Experten** als Ansprechpartnerinnen und Ansprechpartner bei der Umsetzung bewährt.
- der Ort, an dem die Dokumentation vorgenommen wird, gewisse **Elemente von Privatheit und Vertraulichkeit** erfüllt. Im Projekt Sprint-Doku sind bei den Beschäftigten sehr große Vorbehalte deutlich geworden, in Anwesenheit anderer Mitarbeiterinnen und Mitarbeiter oder auch in Anwesenheit von Patientinnen und Patienten oder Bewohnerinnen und Bewohnern zu dokumentieren. Das sich hierin spiegelnde Bedürfnis von Menschen geht somit mit den Erfordernissen des Datenschutzen Hand in Hand.
- neben der **stationären Form** der Dokumentation am PC in einem Dienstzimmer (vgl. Abb. 4.1) zusätzlich die **mobile Form** z. B. über ein Smartphone zur Verfügung steht, womit einmal mehr eine zeitnahe Eingabe und Verarbeitung der Daten erfolgen kann.

Es zeigte sich, dass unter diesen Bedingungen der Einsatz von **Spracherkennung** bei der Erstellung der Pflegeanamnese und von **Sprachsteuerung** zur Navigation in der Pflegedokumentation bei den Beschäftigten als **Arbeitserleichterung** empfunden wurde (Rascher et al. 2020). Aus der Erprobung in diesem Projekt heraus hat sich in mehreren Einrichtungen eine **Fortführung des Einsatzes in der täglichen pflegerischen Versorgung über das Projekt hinaus** ergeben.

Abb. 4.1 Spracheingabe in die Pflegedokumentation

4.1.2 Anleitung von Mitarbeiterinnen und Mitarbeitern – neue Formen durch Augmented Reality-Brillen

In den letzten Jahren finden sich in verschiedenen Forschungsprojekten in der ambulanten und stationären Pflege, aber auch schon in vereinzelten Praxis-anwendungen Beispiele der Nutzung von Augmented Reality-Technologien. Augmented Reality (AR) ist eine Technologie, die digitale 3D- und 2D-Inhalte in den realen Raum integriert und damit neue Möglichkeiten zur Unterstützung von Arbeit, Lernen und Alltag bietet. Mit AR können digitale Inhalte in reale Umgebungen eingebettet werden – z. B. Texte, Bilder, Videos –, sodass eine sogenannte „Mixed Reality" (Milgram und Kishino 1994) entsteht, in der die typische Trennung zwischen digitalen und realen Bestandteilen in gewisser Weise aufgehoben wird. Augmented Reality kann mit verschiedenen Geräten (z. B. Mobiltelefonen oder Tablets) umgesetzt werden. Eine **Handfreiheit** bieten dagegen **AR-Brillen** (vgl. ein Beispiel in Abb. 4.2), die **über Gesten oder Sprache gesteuert** werden und **Informationen in das Sichtfeld von Nutzern einblenden** können (Prilla et al. 2018).

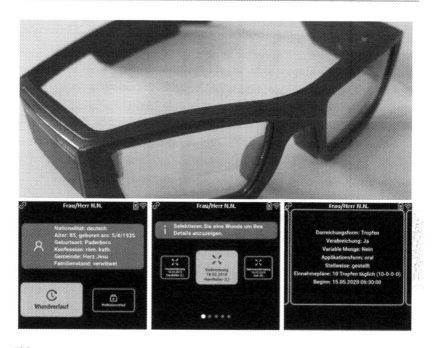

Abb. 4.2 Nutzung von Informationen aus dem Pflegeplan mit einer AR-Brille

Die Mehrheit an Veröffentlichungen zur Nutzung von Datenbrillen in der Pflege bezieht sich auf deren Einsatz in der Aus- und Weiterbildung (Kopetz et al. 2018). Ein Scoping Review von Wüller et al. (2019) zeigt, dass nur wenige Anwendungen von Datenbrillen in Pflegeprozessen existieren. Als **Vorteile dieser Technologie** werden **Handfreiheit bei der Nutzung, Versorgung mit Informationen bei Pflegetätigkeiten, Zeitersparnis** und **Dokumentationsunterstützung** genannt (Wüller et al. 2019). Spezifische Arbeiten zur Unterstützung der Pflege durch Datenbrillen finden sich bspw. bei Aldaz et al. (2015) und Wüller et al. (2018) im Kontext des Wundmanagements sowie bei Mather et al. (2017) zur Expertenunterstützung aus der Ferne.

Im Rahmen der Forschungsprojekte „**Pflegebrille**" und „**Pflegebrille 2.0**" – einzusehen unter www.pflegebrille.de (abgerufen am 08.01.2022) – wurden **Anwendungsfelder der AR-Technologie für unterschiedliche pflegerische Settings** untersucht und entwickelt. Eine wesentliche Voraussetzung, die im Projekt geschaffen wurde, war die **Form der Bedienung der Programme auf** der **Pflegebrille über Gestensteuerung, um als wesentliches Prinzip die Handfreiheit in der Wissensübertragung sicherzustellen.** Die **Steuerung erfolgt über Kopfbewegungen bzw. Kopfgesten,** die auf eine **möglichst intuitive Bedienung** ausgerichtet ist. So können Schaltflächen bspw. durch Kopfnicken aktiviert oder bestätigt werden (ähnlich einem Klick oder dem Berühren auf einem Mobiltelefon) und eine Auswahl von Schaltflächen oder Listenelementen kann durch Seitwärtsbewegungen durchgeführt werden. Darüber hinaus stehen **Barcodeidentifizierung** oder **Sprachsteuerung** als weitere Bedienmöglichkeiten zur Verfügung. Ein zweiter wesentlicher Faktor besteht darin, eine **Schnittstelle zwischen der Datenbrille und der elektronischen Pflegedokumentation** zu bilden, um Informationen aus der Dokumentation abzurufen und über die Datenbrille Eintragungen in der Dokumentation vorzunehmen. Die Datenbrille muss nicht ständig getragen werden, sondern sie wird nur in spezifischen Situationen, wenn eine Informationsanfrage notwendig wird, aufgesetzt.

Die Pflegebrille bietet eine neue Ebene, um das **Wissensmanagement in der pflegerischen Umgebung** zu organisieren:

- Es können **Informationen über Patientinnen und Patienten bzw. Bewohnerinnen und Bewohner aus der Pflegedokumentation abgerufen werden** (z. B. Informationen zum Pflegeverlauf, zu biografischen Besonderheiten oder zu Vorlieben, Medikation oder Allergien, die für eine qualitativ hochwertige und personalisierte Versorgung notwendig sind). Diese Informationen helfen insbesondere auch bei der Versorgung, wenn Pflegekräfte die Patientinnen und Patienten (noch) nicht sehr gut kennen, weil z. B. wegen Krankheit einer Mitarbeiterin oder eines Mitarbeiters eine **Ersatzpflegeperson** in der ambulanten Pflege Patientinnen und Patienten kurzfristig aufsuchen muss (Unterstützung einer personellen Flexibilität). Ebenso müssen während oder nach der Pflege Informationen in der **Dokumentation** hinterlegt und mit **Vorgaben** oder **Handlungsaufforderungen** (z. B. des Hausarztes) verglichen werden (z. B. die Dokumentation gemessener Blutdruckwerte oder des subjektiven Schmerzempfindens und die sich evtl. anschließende pflegerische Intervention). Zudem müssen einige Pflegetätigkeiten nach ihrer Durchführung explizit in der Akte abgezeichnet werden, um ihre **Durchführung nachweisbar zu sichern.**
- Es können **Versorgungs- und Pflegestandards** auf der Pflegebrille zur Ansicht eingestellt werden. Um eventuellen Fehlern zusätzlich entgegenzuwirken, können Pflegekräften für einige Tätigkeiten unterstützende Anleitungen dienlich sein. Dies ist einerseits bei komplexen Tätigkeiten

wie dem endotrachealen Absaugen von Lungensekret bei Patienten der Fall, andererseits auch bei Routinetätigkeiten, bei denen sich leicht durch Gewöhnung Fehler einschleichen können. Zudem sind Anleitungen für Berufsanfänger nach der Ausbildung hilfreich oder für Pflegekräfte, die den Arbeitgeber oder den Einsatzbereich gewechselt haben. Hierzu können Anleitungen in Form von Sequenzen aus Text, Bildern, Video und Kombinationen aus diesen Medien abgerufen und Schritt für Schritt betrachtet werden.

- Es kann eine **Fotodokumentation von Wunden** vorgenommen werden. Mit der Kamerafunktion der Datenbrille lassen sich hochauflösende Bilder z. B. einer Hautveränderung oder einer Wunde (z. B. Dekubitus) aufnehmen und in der Pflegedokumentation abspeichern oder über Videokonsultation gemeinsam mit einem Experten eine Begutachtung vornehmen.

- Es können **Videokonsultationen** durchgeführt werden, um z. B. Expertinnen und Experten in der konkreten Versorgungssituation hinzuzuziehen (z. B. Wundexpertinnen und -experten sowie leitende Mitarbeiterinnen und Mitarbeiter) oder Auszubildende durch Praxisanleiterinnen und -anleiter in der Ferne zu unterstützen. Die Telekonsultation wurde im Projekt mit 31 Pflegekräften und Expertinnen (Ausbilderinnen und Ausbildern sowie Wundexpertinnen und -experten) in einem **Szenario zur Wundversorgung** evaluiert. Die Ergebnisse dieser Evaluation zeigen, dass die Brille in solchen Szenarien gut nutzbar ist und dass Expertinnen und Experten sie als deutlichen Vorteil für die Anleitung aus der Ferne sehen. Hierfür wurden Gründe wie die Entkopplung der Unterstützung von der örtlichen Verfügbarkeit von Expertinnen und Experten oder die gegenüber anderen Medien wie dem Smartphone **bessere und einfachere Sicht auf die Pflegetätigkeit durch die Expertinnen und Experten** genannt. Insoweit kann je nach Szenario, für welches sich ein Einsatz der Pflegebrille unter Beachtung aller Rahmenbedingungen empfiehlt, gegebenenfalls auch eine Verbesserung der Pflege erreicht werden; wenn Einbindung notwendiger Fachexpertise auf Entfernung erfolgen bzw. zeitnäher erfolgen kann. In einer weiteren Testung mit Praxisanleiterinnen und -anleitern sowie über 30 Auszubildenden wurde die **Anleitung aus der Ferne** bei der Durchführung einer Pflegeverrichtung (Verbandwechsel) getestet. Durch die Übermittlung der Versorgungssituation per Video war der Pflegelehrer in der Lage, die Durchführung durch die/den Auszubildende/n zeitsynchron zu beobachten, Anleitung zu geben und ggf. zu korrigieren. Die Form der Videokonsultation zeigte sich dabei überlegen gegenüber einer gleichzeitig getesteten Übermittlung per Smartphone-Video (Prilla et al. 2019; Recken und Janßen 2021).

Wüller und Remmers (2021) weisen auf die **Datenschutzproblematik** durch die Nutzung von AR-Technologie hin und empfehlen, die Anwendungen möglichst datensparsam im Hinblick auf Klientendaten zu konstruieren (Wüller und Remmers 2021). Dieser ethischen Maxime kann u. a. dadurch mit Rechnung getragen werden, dass die Daten nicht auf der AR-Brille selbst abgelegt werden, sondern durch Konnektivität mit der Pflegedokumentation direkt dort gespeichert werden. Insgesamt ist für den Einsatz der Pflegebrille eine umfassende datenschutzrechtliche Prüfung bezogen auf das jeweilige Einsatzszenario notwendig.

Heute sind bereits AR-Brillen mit dem oben genannten Leistungsspektrum auf dem Markt verfügbar.

4.1.3 Der Einsatz humanoider Robotik in der Pflege

In den Medien wird von Besuchen humanoider Roboter in Altenpflegeeinrichtungen berichtet. Beispielsweise entstehen Lösungen in der **Mensch-Roboter-Interaktion** mit Anwendungen für die stationäre Altenpflege sowie in der Tagespflege und in Demenzwohngemeinschaften.

Die Pflege steht **der Herausforderung eines steigenden Bedarfs nach Versorgung pflegebedürftiger Menschen bei gleichzeitigem Arbeitskräftemangel** sowie einer sinkenden Zahl an Versicherten gegenüber (Seyda et al. 2021). Um dieser Situation zu begegnen, wird seit einigen Jahren für den verstärkten Einsatz von assistierend wirkenden Technologien und Digitalisierung zur Unterstützung der Pflege plädiert. In diesem Kapitel werden Lösungen im Themenbereich **Mensch-Roboter-Interaktion für die Pflege** behandelt.

Der Schwerpunkt liegt dabei auf Anwendungen mit Lösungen aus dem Bereich der humanoiden (sozialen) Robotik. Pflegeroboter (Bendel 2018; Shishehgar et al. 2017) können hierfür durch pflegepraxisnahe Anwendungen einen wichtigen Baustein darstellen. Begrifflich wird zwar häufig von „Pflegerobotern" gesprochen, diese nehmen aber keine grundpflegerischen Tätigkeiten wie eine menschliche Pflegekraft wahr. Es gibt eine Vielzahl von **robotisierten Assistenzsystemen.** Diese können Beschäftigte in der Pflege unterstützen, indem sie diese entlasten oder zusätzliche Arbeiten ausführen. Die Zukunft dieser Unterstützung liegt aus heutiger Sicht vermutlich in **kooperativen Mensch-Roboter-Teams,** die entlang der spezifischen Fähigkeiten von Menschen und Robotern gemeinsam Pflegetätigkeiten erbringen. Wischmann (2015) folgend können neue Roboterplattformen Beschäftigten in der Pflege bereits heute Tätigkeiten abnehmen, diese erst ermöglichen oder mit ihnen zusammenarbeiten. Das klassische Bild von Robotern als isoliert agierende Maschinen wandelt sich in

Abb. 4.3 Der humanoide
Roboter „Pepper"

vielen Arbeitsbereichen. Die neuen Generationen von Robotern sind auch auf
die Interaktion mit Menschen (Franke 2019; Surdilovic et al. 2015) ausgerichtet.
Soziale/humanoide Roboter (vgl. ein Beispiel in Abb. 4.3) **haben einen durch-
aus anerkannten Wert in der Demenzversorgung** und erfahren von Menschen
mit Demenz eine gewisse Akzeptanz (Góngora et al. 2019). **Roboter unterstützen vor allem auch bei der selbstständigen Durchführung grundlegender
Tätigkeiten, Mobilität, Sicherheit und kommunikativ-interaktiver Einbindung.** Außerdem scheinen sie in gewissem Maße negative Emotionen und
Verhaltenssymptome zu reduzieren, das soziale Engagement zu verbessern und
eine positive Stimmung und Qualität der Pflegeerfahrung zu fördern (Hung et al.
2019).

Die Erwartungen von Akteursgruppen bis hin zu Politik und Verbänden sind
unterschiedlich: Auf der einen Seite steht eine eher **positive Bewertung zur
Bedeutung der Robotik** für Betreuung und pflegerische/gesundheitliche Versorgung, andererseits besteht aber auch die Einschätzung, dass die Robotik
nicht die Lösung für den Pflegenotstand ist. In einem Forschungsprojekt zum

Einsatz humanoider Robotik in der Pflege wurden stationäre Pflegeeinrichtungen mittels eines standardisierten Fragebogens dazu befragt, welche Einsatzmöglichkeiten für Robotik sie sich in ihren Einrichtungen vorstellen können. Dabei wurde der sozialwissenschaftliche Diskurs zur Technologisierung vor dem Hintergrund aktueller Entwicklungen des Pflegesektors wie die auch forschungsunterstützte Wissensexplosion und die erhöhte Komplexität der Aufgaben in der Pflege verbunden mit der demografischen Entwicklung berücksichtigt. Die Aufgabe der Teilnehmerinnen und Teilnehmer an der Befragung bestand darin, **relevante Pflegeprozesse zu identifizieren,** in denen man sich eine Unterstützung vorstellen kann. Im Kern stellte sich die Frage nach **wirkorientierten und sozial vertretbaren Einsatzmöglichkeiten: „Können Roboter zu guter Pflege beitragen?"** Dabei sollten die aus der Bedarfsanalyse heraus entwickelten Problemstellungen unabhängig von den aktuellen Einsatzmöglichkeiten, die ein Roboter hat, formuliert werden. Im Rahmen eines Konsensverfahrens wurden **als realistisch erachtete Szenarien** für die weitere Untersuchung identifiziert, die untenstehend ausgeführt werden (Rascher 2020a, b):

Szenario: **Psychosoziale Betreuung**

- **Der Roboter ist in der Lage, mit seinen Mitmenschen emotional zu interagieren,** ihre Probleme zu erfassen, auszuwerten und ihnen Lösungsvorschläge anzubieten. Er kann sie zur Reflexion und möglichen Handlungsänderungen anregen.
- Für die Pflegebedürftigen bedeutet dies mehr Unabhängigkeit: Während sie zuvor auf die Hilfe vom Fachpersonal angewiesen waren, steht ihnen nun rund um die Uhr der Roboter zur Berücksichtigung einiger ihrer Bedürfnisse und Wünsche zur Verfügung.

Erste Einsatzbereiche in der Pflegepraxis:

- Maßnahmen zur Kontaktpflege mit den Angehörigen
- Durchführung von Besuchen im Zimmer beispielsweise verbunden mit Biographiearbeit, spezifische Einzeltherapien bei besonders in sozialer Hinsicht gehemmten Bewohnern mit dem Ziel, sie langsam gruppenfähig zu machen und sie in die Hausgemeinschaft zu integrieren
- Sicherung und Steigerung der Lebensqualität der Bewohner durch die soziale, physische und geistige Ansprache z. B. durch Förderung des Kurzzeitgedächtnisses (Gedächtnistraining)

Szenario: **Begleitung und Unterstützungsdienste mit Dokumentationsmöglichkeit – Pflegeassistenz**

- **Pflegeassistenz dient dazu, Pflegekräfte zu entlasten und Abläufe in der Pflege zu erleichtern, ohne dass Qualitätsverluste in der Versorgung entstehen.**
- Daten, die für das QM benötigt werden, können durch Roboter (z. B. die Plattform Pepper der Firma Softbank als eine der ersten) abgefragt und in die Dokumentationssysteme übertragen werden.

Erste Einsatzbereiche in der Pflegepraxis:

- Die Kommunikation zwischen Bewohnerinnen und Bewohnern mit den Mitarbeiterinnen und Mitarbeitern soll gestärkt und biografisch verankerte Fähigkeiten der Bewohnerinnen und Bewohner sollen wieder aufgespürt und entfaltet werden.
- Typische Einsatzbereiche sind Informationssammlung für Dokumentation und Pflegeplanung, die es für jeden Bewohner gibt. Die Datenerfassung erfolgt digital – gegebenenfalls auch direkt als Kundenfeedback aufgenommen vor Ort – beispielsweise im Zuge von Mitarbeiterbefragungen, Bewohnerbefragungen oder Zufriedenheitsanalysen.

Szenario: **Erkennen von Personen und Situationen**

- **Es werden Systeme zur Information und Überwachung** mit dem Ziel der „Selbstoptimierung" oder auch des Schutzes von vulnerablen Personen eingesetzt.

Erste Einsatzbereiche in der Pflegepraxis:

- Beispiele sind: Sturzerkennung, intelligente Notrufsysteme, Vitaldatenmonitoring oder Überwachungs- und Ortungssysteme.

Für Szenarien wie diese wirft der Einsatz von Robotern in der Pflege vor allem auch ethische, juristische und soziale Fragen (ELSA) auf (bspw. Kornwachs 2019; O'Brolcháin 2017, Hannika 2018).

Erste Ergebnisse aus den Szenarien, die in Pflegeeinrichtungen erprobt wurden, zeigen, dass mit einer bedarfsorientierten Technikentwicklung die Hoffnung verbunden sein kann, dass Einsatzbereiche entwickelt werden, von denen man davon ausgehen kann, dass sie in bestehenden Versorgungsarrangements für akzeptabel erachtet werden (Rascher 2020a, b). **Das Berufsfeld der Pflege wird sich durch Robotik verändern. Roboter ersetzen kein Personal, sondern sollen das Personal unterstützen.** Bei der Bereitstellung dieser Technologien müssen Beschäftigte, informelle Betreuerinnen und Betreuer sowie Bewohnerinnen und Bewohner eine angemessene Anleitung und Unterstützung zur Nutzung der Technologien erhalten. Einerseits zeigen aktuelle Arbeiten, dass ein Potenzial von Robotern in der Pflege vorhanden ist und sich dies mit aktuellen Robotern prinzipiell gut umsetzen lässt. Andererseits wird jedoch häufig der Fokus auf einzelne Robotertechnologien gelegt und in der Folge wird Unterstützung dann nur mit deren Fähigkeiten geleistet. **In der Pflege sollte jedoch der Einsatz von Robotern dem Bedarf folgen und nicht umgekehrt.** Es bestehen aktuell keine Lösungen für die nahtlose Integration verschiedener Roboter in Pflegeprozesse, in denen sie dann entlang ihrer Fähigkeiten Aufgaben übernehmen. Zudem sind vorhandene Einsatzszenarien oft Insellösungen, in denen Roboter durch Unterstützung versierter Techniker oder mit hohem Bedienaufwand für vergleichbar kleine Einsatzzwecke genutzt werden. Pflegekräfte müssen hierbei typischerweise über Wissen bzgl. Bedienung und Konfiguration von Robotern verfügen. Der Roboter wird als (zusätzliches) Werkzeug eingesetzt und arbeitet nicht (wie in anderen Bereichen wie beispielsweise in der industriellen Fertigung) Hand in Hand mit der Pflegekraft, was zu Reibungsverlusten und Akzeptanzproblemen führen kann.

Die arbeitsteilige Kooperation von Mensch und Roboter kann menschliche und technische Stärken miteinander verbinden, Schwächen auf beiden Seiten kompensieren und durch enge Zusammenarbeit einen Mehrwert erbringen. Menschen sind kreativ und empathisch, sie können Situationen beurteilen und auf der Grundlage von Beobachtungen flexible und situationsangepasste Lösungs- und Handlungsstrategien entwickeln und umsetzen. **Maschinen fehlen ungeachtet der Fortschritte auf dem Gebiet der künstlichen Intelligenz Kreativität, Empathie und Beurteilungsfähigkeit noch weitgehend.** Dafür können sie Aktivitäten mit gleichbleibender Qualität und Effizienz wiederholt und ohne Ermüdung durchführen und dabei bei Bedarf auch gezielt größere Kräfte wirken lassen. Für die Pflege bedeutete dies bisher, dass Roboter für wiederkehrende und gleichförmig ablaufende Aufgaben im Servicebereich mit wenig Interaktion oder für das Entertainment von Pflegeheimbewohnerinnen und Pflegeheimbewohnern eingesetzt werden. In Deutschland ist der Einsatz von Robotik in der Altenpflege überwiegend durch Förderprojekte geprägt. **Es gibt noch wenig verstetigte Einsatzbereiche in körpernahen Pflegesettings.**

> ▶ **Tipp** Für einen Überblick über verschiedene Roboterpattformen und Einsatzbereiche findet sich beispielsweise unter diesem Link www.robotik-pflege.de (abgerufen am 21.02.2022) das Forschungs- und Praxiszentrum Robotik und KI in der Pflege. Hier finden sich je nach Interesse und Bedarf auch Kontakte zu Anwendern aus den Bereichen stationäre Altenpflege, Tagespflege und Demenzwohn- gemeinschaften.

4.1.4 Möglichkeiten in der Sturzsensorik

Mit Blick auf die physischen, psychischen und sozialen Auswirkungen für die Betroffenen sowie die ökonomischen Auswirkungen auf die Kostenträger ist der **Sturz** ein **hochrelevantes Risiko** für die gesundheitliche und pflegerische Versorgung. Moderne Sensoriken und KI-unterstützte Analyseverfahren bieten neue Möglichkeiten in der Sturzprävention. Aus langjähriger Erfahrung in der Praxis heraus zeigt sich, dass die Mehrzahl der Stürze in Heimen unbeobachtet und im eigenen Zimmer erfolgt. Es existieren verschiedene Definitionen, die das Ereignis „Sturz" beschreiben; beispielsweise seitens der WHO (2021). Die Deutsche Gesellschaft für Allgemeinmedizin und Familienmedizin bezeichnet den Sturz als „ein unfreiwilliges, plötzliches, unkontrolliertes Herunterfallen oder -gleiten des Körpers auf eine tiefere Ebene aus dem Stehen, Sitzen oder Liegen" (DEGAM 2004, S. 7). Als Sturz bzw. Beinahe-Sturz ist auch zu verstehen, wenn ein solches Ereignis durch ungewöhnliche Umstände, die nicht der Patientin oder dem Patienten selbst zuzuschreiben sind, verursacht bzw. verhindert wird; z. B. durch das Auffangen durch eine andere Person. Vor allem auch die Vielfalt von Sturzursachen und Folgen kann ein Grund für unterschiedliche Auffassungen darüber sein, was ein Sturz ist. **In stationären Einrichtungen stellt der Sturz ein häufiges und oft schwerwiegendes Problem dar.**

Etwa 50 % der Pflegeheimbewohnerinnen und Pflegeheimbewohner stürzen mindestens einmal jährlich; ca. 30 % stürzen sogar mehrmals pro Jahr. Stürze geschehen vor allem während des Aufstehens aus dem Bett oder von einem Stuhl. Stürze haben zudem psychische Folgen, wenn Personen nach einem Sturz an Selbstvertrauen verlieren oder sich zurückziehen. Personen mit sehr geringem oder sehr hohem Pflegeaufwand stürzen seltener (Cameron et al. 2010).

Für einen Sturz gibt es unterschiedliche Ursachen. Dazu zählen **Umstände, die in der Person des Betroffenen liegen** wie z. B. die Beeinträchtigung einer Körperfunktion, die die Aktivitäten des täglichen Lebens einschränken. Hierzu gehören beispielsweise Gehprobleme, Gleichgewichtsprobleme, Sehbeeinträchtigungen oder Kontinenzprobleme. **Medikamentenbezogene Risikofaktoren** entstehen durch die Einnahme beispielsweise von Antihypertensiva oder psychotropen Medikamenten. **Weitere Risikofaktoren** sind umgebungsbezogen wie fehlende Haltemöglichkeiten (im Innen- und Außenbereich), lose verlegte Kabel oder glatte Fußböden.

Mittel wie eine Alarm-Trittmatte besitzen nur eine eingeschränkte Funktion: Sobald eine Person auf diese tritt, wird ein Alarm ausgelöst. Es gibt Studien, die belegen, dass dadurch Stürze erkannt und entsprechende Maßnahmen eingeleitet werden konnten (BIVA 2013; Johnston et al. 2010). Neuere Sensoriken für Fußleisten oder intelligente Bettsensoren bieten das Potenzial, nicht nur Stürze zu melden, sondern spezifische Bewegungsmuster zu analysieren und im Sinne einer Sturzprävention vorausschauend auszuwerten und zu nutzen (beispielsweise Steuerung der Beleuchtung). Der Leistungsumfang moderner Technologien wie bei Bettsensorleisten oder Raumsensorik umfasst mindestens die folgenden Bereiche:

- **Automatische Sturzerkennung,** ohne dass die Person irgendetwas bei sich tragen oder einen Alarm manuell auslösen muss,
- **Erkennen von Abweichungen** in der persönlichen Routine eines Bewohners,
- **Fluchtalarm bei Demenzerkrankten,**
- **Weitere Sensorfunktionalitäten** verbunden bspw. mit **automatischer Lichtsteuerung.**

In Tab. 4.1 werden sieben verschiedene Mittel der Sturzsensorik für den Anwendungsbereich der stationären Pflege in Wohn- und Lebensräumen hinsichtlich Ihrer Eigenschaften und Funktionalität beispielhaft eingeordnet.

Bei der Implementierung von Mitteln der Sturzsensorik sind auch weitere, übergeordnete Faktoren wie beispielsweise die **Finanzierung,** das **Know-how,** die **Einbindung in den Pflegealltag und deren Prozesse** sowie der **Datenschutz** zu berücksichtigen.

Eine aktuelle technologische Entwicklung sind **Sensorbänder,** die wenige Zentimeter über dem Boden auf Höhe der Fußleisten ringsherum im Raum oder an Stellen wie dem Bett oder der Tür angebracht werden. Das System bleibt dabei sehr diskret verborgen und arbeitet eigenständig, das heißt, es kommt ohne Kameras, Mikrofone, Notruftaster oder Wearables aus. Sensor-Fußleisten erfassen die komplette Raumgeometrie und können sowohl Objekte als auch Personen erkennen und unterscheiden. Die Informationen über erkannte Bewegungen werden an eine Basisstation gesandt und dort interpretiert. Entdeckt die Software Auffälligkeiten, schickt die Basisstation entweder Signale an die

Tab. 4.1 Beispielhafter Orientierungsrahmen für die vergleichende Betrachtung von Mitteln der Sturzsensorik und deren Eigenschaften in enger Anlehnung an Rascher (2021)

Mittel der Sturzsensorik / Eigenschaften	Raum-sensor	Bett-sensor	Trittmatte	Bewegungs-melder	Wearables	3D-Sensor	Sensor-boden
Diskret/verborgen	✓	✓		✓			✓
Unabhängigkeit/integrierte Lösung	✓	✓		✓		✓	✓
Maschineller Intelligenz	✓					✓	✓
Genauigkeit/Verlässlichkeit	✓	✓	✓				✓
Einfache Installation	✓	✓		✓			
Einfache Wartung	✓	✓		✓			
Preis/Leistung	✓	✓		✓			
Deckt den Raum ab	✓						✓
Deckt einen Bereich ab	✓	✓	✓	✓		✓	✓
Funktioniert auch in der Nasszelle	✓			✓			

Abb. 4.4 Beispiel für eine Bettsensorleiste

vernetzten Geräte (beispielsweise die Notrufanlage) oder versendet eine Nachricht an das Smartphone des Pflegepersonals.

Eine weitere Möglichkeit bieten **Bettsensorleisten** (vgl. ein Beispiel in Abb. 4.4). Diese können mit wenigen Handgriffen am Bett angebracht werden und melden diskret, wenn eine Bewohnerin oder ein Bewohner beispielsweise das Bett verlassen möchte – und das schon bevor sie oder er auch nur einen Fuß auf den Boden gesetzt hat. Derartige **Systeme sollten mit gängigen Rufanlagen kompatibel zu vernetzen sein.** Dank der frühzeitigen Erkennung eines Bettausstiegs können Pflegekräfte dem Bewohner oder der Bewohnerin bereits beim Aufstehen zur Hilfe kommen. Dadurch kann das Sturzrisiko reduziert werden. **Die Sensortechnologie sollte Fehlalarme weitestgehend verhindern helfen und Pflegekräfte nur dann informieren, wenn eine Gefahrensituation besteht.** Über den Einsatz derartiger Technologie ist im Vorwege das Einvernehmen aller Beteiligten zu erzielen; auch mit Blick auf die in Einzelfällen jeweils bestehende Situation insbesondere die individuelle Sturzgefährdung betreffend und etwaige ansonsten notwendige Maßnahmen mit ggf. im Vergleich weiter einschränkenden Auswirkungen.

Eigene Erfahrungen mit intelligenter Sensorik zeigen, dass diese die Pflege effizienter und effektiver machen können; **effizienter,** indem kritische Situationen wie Stürze, das Aufstehen vom Bett und das Verlassen des Zimmers oder der Einrichtung **automatisch erkannt und an das Pflegepersonal gemeldet** werden und **effektiver,** indem **Aktivitätsanalysen** – über einen gewissen Zeitraum hinweg – Pflegekräften dabei helfen, jede Bewohnerin und jeden Bewohner **individueller zu versorgen,** indem zum Beispiel eine hohe Anzahl täglicher Toilettenbesuche, starke nächtliche Aktivität oder Veränderung im Gang erkannt werden.

4.2 Erfolgsfaktoren

Unsere Erfahrungen zum erfolgreichen Einsatz von digital geprägten Instrumenten – wie oben vorgestellt – vor allem auch in Organisationen der Altenpflege als ein durch KMU geprägter Bereich der Sozialwirtschaft zeigen, dass Technologie konsequent im Kontext von Strategie, Prozessen und Strukturen sowie den Fähigkeiten der Beschäftigten eingesetzt werden sollte.

4.2.1 Analyse der Digitalisierungsfähigkeit

Die mit der Digitalisierung verbundenen „Chancen" liegen aus Sicht von Unternehmensleitungen in erster Linie in der Neuorganisation und Entwicklung neuer Produkte, Geschäftsmodelle und Abläufe (Hirsch-Kreinsen 2016; Staab und Nachtwey 2016). Typischerweise steht dabei eher nicht im Vordergrund, dass sich mit der Digitalisierung sehr wohl auch grundlegende Berufsveränderungen, steigende Unsicherheiten sowie neue Orientierungs- und Qualifikationsnotwendigkeiten für die Beschäftigten ergeben. Arbeitnehmerinnen und Arbeitnehmer sind gefordert, Prozesse der Veränderung von Arbeit und Qualifikation mit Blick auf die Möglichkeiten und Grenzen der eigenen beruflichen Weiterentwicklung zu reflektieren. Neue Technologien ermöglichen neue Dienstleistungen, neue Produkte, neue Geschäftsideen und Geschäftsmodelle. Dies hat Auswirkungen auf die Struktur der Organisationen und Wertschöpfungsketten, ihre Unternehmenskultur sowie die Art und Weise wie produziert wird, wie Leistungen erbracht werden, wie Arbeitsorganisation und -abläufe gestaltet werden und welche Kompetenzen und Qualifikationen die Beschäftigten benötigen. Insoweit stellen sich hierbei insbesondere auch Fragen für die Sozialpartner.

Im Diskurs zur Digitalisierung wird immer wieder auch von einer digitalen Revolution mit mehr oder weniger disruptiven Effekten für einzelne Branchen und Organisationen ausgegangen. Möchte man in einer bestimmten Organisation digital geprägte Strategien verfolgen, kommt es vor allem auch darauf an, Transparenz über die Ausgangssituation sowie hier bestehende Stärken und Schwächen zu erlangen. Es geht darum festzustellen, wie es um **die eigene Digitalisierungsfähigkeit als Ausgangspunkt für eine erfolgreiche Transformation** bestellt ist. Dies ist für sich genommen eine hochkomplexe Fragestellung.

> **Tipp** Für die vertiefende Betrachtung zur Digitalisierungsfähigkeit in einzelnen Organisationen kommen Instrumente wie beispielsweise das DigiKenn in den Blick, über das man sich hier https://aal-akademie.de/diagnosewerkzeug-digikenn.html (abgerufen am 14.03.2022) informieren kann.

Mit darüberhinausgehenden Instrumenten wie einem **Digitalisierungsbarometer** erhält man erste **Transparenz zum Stand der Digitalisierung von vielen Organisationen im Überblick** und verbunden mit den Ergebnissen kann eine **Objektivierung der Diskussion** hierzu unterstützt werden.

> **Tipp** Insbesondere für Organisationen der Sozialwirtschaft besteht alle zwei bis drei Jahre die Möglichkeit, sich am **Digitalisierungsbarometer** der AAL-Akademie zu beteiligen, das in Zusammenarbeit mit den folgenden Hochschul- und Forschungspartnern entwickelt wurde: Studienzentrum Essen der HFH · Hamburger Fernhochschule, Technische Hochschule Georg

Agricola, Serapion und Management for Health-INT. Hier https://
aal-akademie.de/studienzentrale.html kann eine Anmeldung zur
Teilnahme am Digitalisierungsbarometer erfolgen. Es haben insgesamt bereits ungefähr 8.000 Organisationen teilgenommen und
einen individuellen Quick-Check erhalten.

4.2.2   Schaffung technologischer Voraussetzungen

Pflegeeinrichtungen stehen vor der Frage, inwieweit sie die Potenziale digitaler
Technik für eine höhere Effizienz in den Einrichtungen und für eine Entlastung
der Pflegekräfte nutzen können. Schnelle und vermeintlich einfache Lösungen
wie „Tablets für alle Beschäftigten" machen für sich genommen weder das Unter-
nehmen digital noch sorgen sie für eine bessere Versorgung der Klientinnen und
Klienten.

Nicht alles, was funktioniert, ist auch hilfreich. **Der erfolgreiche Techno-
logieeinsatz benötigt für interaktive Arbeitssituationen technische
Strukturen, die entwickelt und gestaltet werden müssen. Zunächst muss
als Basis vor allem auch ein zuverlässiges sicheres WLAN implementieren
werden.** Auch die Implementation vermeintlich einfacher technologischer
Voraussetzungen wie eines WLAN muss gut geplant werden. Dabei gibt es
Herausforderungen die zu meistern sind. Zunächst muss die **Zuverlässig-
keit,** also eine unterbrechungsfreie Nutzung gewährleistet sein; um im Zuge
einer interaktionsbezogenen Dienstleistung am Menschen jederzeit den Zugriff
auf die notwendigen Informationen zu haben. Der Markt bietet skalierbare
Lösungen für ein Unternehmensnetzwerk, das zentral gesteuert und erweitert
werden kann. Üblicherweise ist das eine Aufgabe für die interne EDV oder den
externen Dienstleister. Aus organisationaler Sicht muss festgelegt werden, wer
mit welchem Gerät, mit welcher Technologie und mit welchen **Befugnissen** ver-
netzt arbeiten darf. Zudem ist die **Bandbreite** wichtig, vor allem dann, wenn sich
mehrere Personen am gleichen Ort (Station, Dienstzimmer) befinden. Auch ein
Zugang für Bewohnerinnen und Bewohner wird immer wichtiger. In Zukunft
ist zu erwarten, dass es eine neue Generation von Bewohnerinnen und Bewohnern
geben wird, die eine zeitgemäß nutzbare Kommunikationsinfrastruktur erwarten.
Ein WLAN kann insoweit ein **Qualitätskriterium** für ein Altenheim sein, an
dem Interessentinnen und Interessenten mit Blick auf den Einzug in ein Heim
Ihre Entscheidung orientieren. In der Coronavirus-Pandemie zeigte sich das die
Bewohnerinnen und Bewohner in Pflege- und Altenheimen von der Möglichkeit,
über das Internet mit der Außenwelt in Verbindung zu bleiben, profitieren.

Aus technologischer Sicht ist auch die Sicherheit der Daten im Netzwerk zu gewährleisten. Dazu sind **Rollenkonzepte** für Personen mit unterschiedlichen Zugängen festzulegen; beispielsweise nach Gruppen wie Administratorinnen und Administratoren, Beschäftigte, Bewohnerinnen und Bewohnen oder Gäste.

4.2.3 Sicherstellung der notwendigen Qualifizierung

Für die Beschäftigten entstehen durch den Einsatz von Technologie neue Anforderungen. Die Anwendung der Technik muss begründet, erläutert und vermittelt werden, damit **Pflegebedürftige und Angehörige** zum einen verstehen, wozu Technologien genutzt werden und zum anderen diese technische Unterstützung auch akzeptieren.

Da das Umgehen mit und die Anwendung assistiver und digitaler Technologien im Arbeitsalltag von **Pflegepersonen** eine zu beherrschende Kompetenz bildet, ist die Frage zu klären, wie den Pflegenden Technologiekompetenz vermittelt und diese in bestehende Aus-, Fort- und Weiterbildungen integriert werden sollte (Buhtz et al. 2020).

In der Berufsausbildung zur Pflegefachfrau bzw. zum Pflegefachmann spielen **digitale Kompetenzen bisher nur eine sehr untergeordnete Rolle,** obwohl die curricularen Grundlagen erst 2020 reformiert wurden. In den Rahmenlehrplänen wird bei den Konstruktionsgrundlagen des Curriculums zwar auf eine Situationsorientierung verwiesen, zu der u. a. auch die Kontextbedingungen von pflegerischer Versorgung gehören, allerdings wird auf **Digitalisierung als gesellschaftlicher Entwicklungsprozess und ihre Bedeutung für die Pflege** jedoch nicht näher eingegangen (Fachkommission nach § 53 Pflegeberufegesetz, 2020).

In einer Studie mit 415 Auszubildenden in den Pflegeberufen evaluieren Buhtz et al. (2020), in welchem Ausmaß eine Aufgeschlossenheit gegenüber digitalen Anwendungen und eine Fortbildungsbereitschaft gefunden werden können. Bei den Ergebnissen der Untersuchung fällt auf, dass je zwei Drittel ihre Aufgeschlossenheit zur Technologie als hoch und ihr Wissen diesbezüglich jedoch als niedrig einschätzen. Als bekanntere technische Systeme können sich zwei Drittel Tablets und die Hälfte der Auszubildenden Smartphones als Unterstützung im Pflegealltag in der stationären Langzeitversorgung vorstellen; beim Einsatz von Robotern sind dies ein Drittel, bei Videokonferenzsystemen 23 % und bei komplexeren assistiven Technologien wie Datenbrillen 9 % (Buhtz et al. 2020). Die Ergebnisse dieser Studie zeigen, dass die Kompetenzentwicklung zum Umgang mit digitalen Tools und Programmen, zu Grundkenntnissen zum

Datenschutz sowie zu ethischen Grundlagen im Rahmen der Ausbildung nicht stattgefunden hat, und deshalb auf die betriebliche Ebene verlagert und in den Arbeitsalltag eingebettet werden muss.

Dazu ist es notwendig, lernförderliche Arbeitsgestaltung in den Betrieben voranzutreiben, indem Arbeits- und Versorgungsprozesse mit einem hohen Maß an Handlungs- und Entscheidungsspielräumen ausgestaltet und die Kooperation sowie der Austausch zwischen den Beschäftigten gestärkt werden. Dabei sind auch unterschiedliche Hierarchieebenen sowie unterschiedliche inhaltliche Schwerpunkte und Professionen zusammenzuführen (Rat der Arbeitswelt 2021).

Zusammenfassung und Ausblick 5

Für Überlegungen rund um Digitalisierung und nachhaltige Entwicklung generell rückt die Würde des Menschen ins Zentrum der Betrachtungen (WBGU 2019); und dies ist sicherlich gerade auch für soziale Dienstleistungen und noch einmal mehr für sehr sensible Bereiche wie die Altenpflege konsequent im Blick zu behalten. Ausgehend von pilothaften Projekterfahrungen und Erkenntnissen rund um einen Einsatz von Spracherkennung und -steuerung, Augmented Reality, humanoider Robotik und Sturzsensorik kommen Erfolgsfaktoren wie vor allem die **Analyse der Digitalisierungsfähigkeit,** die **Schaffung technologischer Voraussetzungen** und die **Sicherstellung notwendiger Qualifizierung** in den Blick. Der Einsatz von digital unterlegten Technologien in der Altenpflege muss dabei insgesamt stets den **Menschen im Blick behalten;** wie dies beispielsweise am hier einführend aufgezeigten **MIEN-Modell** (Menschen im Fokus, Implementierungsaufwand, Effizienz, Nachhaltigkeit) zur Charakterisierung von Maßnahmen der Digitalisierung zum Ausdruck kommt; auf Englisch **HIES-Model** (Humans in focus, Implementation Effort, Efficiency, Sustainability).

Gleichwohl die **Effektivität** einer hochwertigen Pflegeleistung und die Qualität in der Altenpflege nicht aus dem Blick geraten dürfen, betont die Entwicklung insgesamt zudem auch die Nutzung von **Effizienz**potenzialen. Wünschenswert ist und bleibt, dass eine Realisierung von Effizienzpotenzialen zu Freiräumen führt, die dann einmal mehr beispielsweise wertvolle Impulse in der Interaktion mit Patientinnen und Patienten oder Bewohnerinnen und Bewohnern sowie in der Einbindung von Angehörigen ermöglichen. Je nach Interesse und Qualifizierung der Pflegenden und der Gepflegten erscheint zudem der Gedanke lohnend, dass **Technologie neue Erlebnisräume unterstützt und schafft.**

Die weitere Aufklärung der Entwicklungsmöglichkeiten rund um Gedanken wie diese insgesamt bleibt zukünftigen – je nach Situation im ersten Schritt

R. Deckert et al., *Digitalisierung in der Altenpflege,* essentials, https://doi.org/10.1007/978-3-658-38973-4_5

gegebenenfalls pilothaft gehaltenen – Projektaktivitäten überlassen. Diese können auf ersten Erfahrungen wie beispielhaft erläutert aufsetzen. Für diese zukünftigen Schritte – die vielleicht auch kooperative **Mensch-Roboter-Teams** mit umfassen könnten – lassen sich gegebenenfalls Ideen aus anderen Bereichen übertragen; beispielsweise auch Überlegungen rund um **Strategische Mensch-Maschine-Partnerschaft.**

▷ **Tipp** Auch Überlegungen verbunden mit der Vernetzung zwischen Pflegeheimen und anderen Institutionen im Gesundheitssektor wie beispielsweise niedergelassene Ärzte, Apotheken, Krankenhäuser oder Pflegekassen werden eine zunehmende Relevanz erlangen und bieten Potenziale. Zur Telematikinfrastruktur in der Pflege kann hier https://www.gematik.de/pflege (abgerufen 28.03.2022) nachgelesen werden.

Was Sie aus diesem *essential* mitnehmen können

- Überblickswissen zu Digitalisierung sowie ausgewählte Projekterfahrungen im Kontext von Digitalisierung und Altenpflege
- Orientierungswissen zu Erfolgsfaktoren Technologie und Qualifizierung betreffend
- Vielfältige Anknüpfungspunkte zu weiteren Offline- und Online-Literaturquellen

Literatur

Aldaz, G., Shluzas, L.A., Pickham, D., Eris, O., Sadler, J., Joshi, S. & Leifer, L. (2015). Hands-Free Image Capture, Data Tagging and Transfer Using Google Glass: A Pilot Study for Improved Wound Care Management. PLOS ONE. 10(4), https://doi.org/10.1371/journal.pone.0121179.

Anderson, T., Dron, J. (2011). Three generations of distance education pedagogy. International Review of Research in Open and Distributed Learning (IRRODL), 12(3), 80–97.

Aoun, J. E. (2017). Robot-Proof – Higher Education in the Age of Artificial Intelligence. Cambridge: The MIT Press.

Bartholomeyzik, S., Halek, M., Hunstein, D. (2007). Kommentar zur „Grundsatzstellungnahme Pflegeprozess und Dokumentation" – Position der Assessmentgruppe an der Universität Witten/Herdecke. In: PRInternet 9/1: S. 62–65.

Bauer, W., Schlund, S., Marrenbach, D., & Ganschar, O. (2014). Industrie 4.0 – Volkswirtschaftliches Potenzial für Deutschland – Studie. Hrsg.: BITKOM, Das Fraunhofer Institut für Arbeitswirtschaft und Organisation IAO. https://www.bitkom.org/Bitkom/Publikationen/Industrie-40-Volkswirtschaftliches-Potenzial-fuer-Deutschland.html. Zugegriffen: 01.05.2022.

Beikirch, E., Roes, M. (2014). Projekt „Praktische Anwendung des Strukturmodells -Effizienzsteigerung der Pflegedokumentation in der ambulanten und stationären Langzeitpflege". Abschlussbericht. Im Auftrag des Bundesministeriums für Gesundheit (BMG) in Zusammenarbeit mit der Bundesarbeitsgemeinschaft der Freien Wohlfahrtspflege e. V. (BAGFW) und dem Bundesverband Privater Anbieter sozialer Dienste e. V. (bpa). Berlin, Witten.

Bendel, O. (2018, Hrsg.). Pflegeroboter. Daimler und Benz Stiftung. Wiesbaden: Springer Gabler.

Bundesinteressensvertretung für alte und pflegebetroffene Menschen – BIVA (2013). Sturzprophylaxe in der Pflege. Expertenstandards leicht und verständlich. Bonn: BIVA.

Böhle, F., Stöger, U., Weirich, M. (2014). Interaktionsarbeit gestalten. Vorschläge und Perspektiven für humane Dienstleistungsarbeit. Berlin: Hans-Böckler-Stiftung.

Broussard, M. (2018). Artifcial unintelligence – How computers misunderstand the world. Cambridge: The MIT Press.

Buhtz, C.; Paulicke, D.; Hofstetter, S,; Jahn, P. (2020). Technikaffinität und Fortbildungsinteresse von Auszubildenden der Pflegefachberufe: eine Onlinebefragung HBScience 11, 3–12. https://doi.org/10.1007/s16024-020-00337-5

Bundesministerium für Familie, Senioren, Frauen und Jugend (2018). Charta der Rechte hilfe- und pflegebedürftiger Menschen. https://www.bmfsfj.de/resource/blob/93450/be474bfdb4016bbbca9bf87b4cb9264b/charta-der-rechte-hilfe-und-pflegebeduerftiger-menschen-data.pdf. Zugegriffen: 02.05.2022.

Bundesministerium für Wirtschaft und Energie (2021a). Gesundheitswirtschaft Fakten & Zahlen – Ergebnisse der Gesundheitswirtschaftlichen Gesamtrechnung. Daten 2020. https://www.bmwi.de/Redaktion/DE/Publikationen/Wirtschaft/gesundheitswirtschaft-fakten-und-zahlen-2020.pdf. Zugegriffen: 04.05.2022.

Cameron, I. D., Murray, G. R., Gillespie, L. D., Robertson, M. C., Hill, K. D., Cumming, R. G., Kerse, N. (2010). Interventions for preventing falls in older people in nursing care facilities and hospitals. Cochrane Database of Systematic Reviews. Issue 1. Art. No.: CD005465.

Campbell, K., Schwier, R. A. (2014). Major movements in instructional design. In O. Zawacki-Richter & T. Anderson (Hrsg.), Online distance education (S. 345–380). Athabasca University Press. https://doi.org/10.15215/aupress/9781927356623.01. Zugegriffen: 01.05.2022.

Davenport, T. H. (2016). Rise of the Strategy Machines. MIT Sloan Management Review. Special Collection. Fall 2016. S. 22–23. http://marketing.mitsmr.com/offers/FR2016/MITSMR-Frontiers-collection.pdf. Zugegriffen: 01.05.2022.

Deckert, R. (2021). Auf dem Weg ins Anthropozän – Zuversichtlich nachhaltige Entwicklung gestalten. Wiesbaden: Springer Gabler.

Deckert, R. (2020a). Digitalisierung, Politik und Verwaltung – Gesellschaftliche Herausforderungen und strategische Steuerung. Wiesbaden: Springer Gabler.

Deckert, R. (2020b). Digitalisierung und nachhaltige Entwicklung – Vernetztes Denken, Fühlen und Handeln für unsere Zukunft. 2. Aufl. Wiesbaden: Springer Gabler.

Deckert, R. (2019a). Strategielücke als Digitalisierungshindernis in der öffentlichen Verwaltung? – Strategische Mensch-Maschine-Partnerschaft als Zukunftsbild. In: Schmid, A. (Hrsg.) Verwaltung, eGovernment und Digitalisierung – Grundlagen, Konzepte und Anwendungsfälle. Wiesbaden: Springer Gabler. S. 89–100.

Deckert, R. (2006). Steuerung von Verwaltungen über Ziele – Konzeptionelle Grundlagen unter besonderer Berücksichtigung des Neuen Steuerungsmodells. Dissertation. Universität Hamburg. https://ediss.sub.uni-hamburg.de/bitstream/ediss/1231/1/DISSRD.pdf. Zugegriffen: 15.05.2022.

Deckert, R.; Günther, A.; Metz, M. (2019): Strategische Mensch-Maschine-Partnerschaft – Begriffs- und Bedeutungskategorien ausgehend von Digitalisierung, nachhaltiger Entwicklung und weiteren Kontexten. Diskussionsbeiträge Fachbereich Technik, HFH · Hamburger Fern-Hochschule, ISSN 2629-5482, Nr. 5/2019. URL: https://www.researchgate.net/publication/336471430_Strategische_Mensch-Maschine-Partnerschaft_-_Begriffs-_und_Bedeutungskategorien_ausgehend_von_Digitalisierung_nachhaltiger_Entwicklung_und_weiteren_Kontexten. Zugegriffen: 01.05.2022.

Deckert, R., Hötter, J. (2020). Künstliche Intelligenz – Die vor uns liegenden Herausforderungen annehmen. Diskussionsbeiträge Fachbereich Technik, HFH · Hamburger Fern-Hochschule, ISSN 2629-5482, Nr. 6/2020. URL: https://www.researchgate.net/

publication/347057269_Kunstliche_Intelligenz_-_Die_vor_uns_liegenden_Herausforderungen_annehmen. Zugegriffen: 01.05.2022.

Deckert, R., Langer, A. (2018). Digitalisierung und Technisierung sozialer Dienstleistungen. In: Langer, A. & Grundwald, K. (Hrsg.) Sozialwirtschaft – Handbuch für Wissenschaft und Praxis (S. 872–889), Baden-Baden: Nomos.

Deckert, R., Meyer, E., (2020). Digitalisierung und Künstliche Intelligenz – Kooperation von Menschen und Maschinen aktiv gestalten. Wiesbaden: Springer.

Deckert, R., Wohllebe, A. (2021). Digitalisierung und Einzelhandel – Taktiken und Technologien, Praxisbeispiele und Herausforderungen. Wiesbaden: Springer Gabler.

Deckert, R., Metz, M., Günther, A. (2019). Strategische Mensch-Maschine-Partnerschaft – Begriffs- und Bedeutungskategorien ausgehend von Digitalisierung, nachhaltiger Entwicklung und weiteren Kontexten. Diskussionsbeiträge Fachbereich Technik, HFH · Hamburger Fern-Hochschule, ISSN 2629-5482, Nr. 5/2019. https://www.researchgate.net/publication/336471430_Strategische_Mensch-Maschine-Partnerschaft_-_Begriffs-_und_Bedeutungskategorien_ausgehend_von_Digitalisierung_nachhaltiger_Entwicklung_und_weiteren_Kontexten. Zugegriffen: 01.05.2022.

Deutsche Gesellschaft für Allgemeinmedizin und Familienmedizin – DEGAM (2004). Ältere Sturzpatienten. DEGAM-Leitlinie Nr. 4. Düsseldorf: omikron publishing.

De Wit, B., Meyer, R. (2014). Strategy – An international perspective (5. Aufl.). Singapore: Seng Lee Press.

Dodds, P. S., Muhamad, R., Watts, D. J. (2003). An experimental study of search in global social networks. Science, 301(5634), 827–829.

Fachkommission nach § 53 Pflegeberufegesetz (2020). Rahmenpläne der Fachkommission nach § 53 PflBG. Bonn: Bundesinstitut für Berufsbildung.

Franke, J. (2019). Entwicklungsrichtungen für aktuelle und zukünftige Anwendungen. In: Müllern, R., Franke, J., Henrich, D., Kuhlenkötter, B., Raatz, A., Verl, A. (Hrsg.). Handbuch Mensch-Roboter-Kollaboration. München: Carl Hanser Verlag. S. 429-450.

Friesacher, H. (2008). Theorie und Praxis pflegerischen Handelns. Begründung und Entwurf einer kritischen Theorie der Pflegewissenschaft. Göttingen: V&R unipress.

Friesacher, H. (2019). Ein Plädoyer für die Wertschätzung der Körperpflege. Arbeit, die Würde schafft. CNE.magazin 5/19. S. 6–8.

Góngora, S., Hamrioui, S., de la Torre Diez, I., Cruz, E., López-Coronado, M., Franco, M. (2019). (Social) Robots for People with Aging and Dementia: A Systematic Review of Literature. Telemedicine and e-Health VOL. 25, NO. 7 S. 533-540.

Hannika, H. (2018). Künstliche Intelligenz, Robotik und autonome Systeme in der Gesundheitsversorgung. Sternenfels: Verlag Wissenschaft und Praxis.

Harlizius-Klück, E. (2014). „Der Webstuhl ist die älteste digitale Maschine" – Interview mit Ellen Harlizius-Klück zum Projekt „Weaving Codes – Coding Weaves". L.I.S.A. Wissenschaftsportal Gerda Henkel Stiftung. Georgios Chatzoudis. https://lisa.gerda-henkel-stiftung.de/der_webstuhl_ist_die_aelteste_digitale_maschine?nav_id=5139. Zugegriffen: 01.05.2022.

Heger, D. (2021). Wachstumsmarkt Pflege. In: Jacobs K., Kuhlmey A., Greß S., Klauber J., Schwinger A. (Hrsg.) Pflege-Report 2021. Berlin, Heidelberg: Springer. https://doi.org/10.1007/978-3-662-63107-2_10

Hirsch-Kreinsen, H. (2016). Arbeit und Technik bei Industrie 4.0. Aus Politik und Zeitgeschichte 66. Jahrgang. S. 18–19.

Höhmann, U., Weihrich, H., Gätschenberger, G (1996). Die Bedeutung des Pflegeplanes für die Qualitätssicherung in der Pflege. Bonn: Bundesministerium für Arbeit und Sozialordnung.

Hung, L., Liu, C., Woldum, E. et al. (2019) The benefits of and barriers to using a social robot PARO in care settings: a scoping review. *BMC Geriatr* 19, 232. https://doi.org/https://doi.org/10.1186/s12877-019-1244-6

Hüther, G. (2011). Könnten wir anders sein – Ist eine mentale Umprägung möglich? Vortrag. Zweite Konferenz des Denkwerks Zukunft „Weichen stellen. Wege zu zukunftsfähigen Lebensweisen". https://www.youtube.com/watch?v=GiJ76uzKYWs. Zugegriffen: 01.05.2022.

IGES Institut GmbH (2020). Umfrage zum Technikeinsatz in Pflegeeinrichtungen. Berlin: Eigenverlag.

Initiative D21 (2018). D21 Digital Index 2017/2018 – Jährliches Lagebild zur Digitalen Gesellschaft, Studie der Initiative D21 durchgeführt von Kantar TNS. https://initiatived21.de/app/uploads/2018/01/d21-digital-index_2017_2018.pdf. Zugegriffen: 04.01.2022.

Initiative D21 (2021). D21 Digital Index 2020/2021 – Jährliches Lagebild zur Digitalen Gesellschaft, Studie der Initiative D21 durchgeführt von Kantar TNS. https://initiatived21.de/app/uploads/2021/02/d21-digital-index-2020_2021.pdf. Zugegriffen: 04.01.2022.

Johnston, K., Grimmer-Somers, K., Sutherland, M. (2010). Perspectives on use of personal alarms by older fallers, International Journal of General Medicine, 3, pp. 231-237.

Kornwachs, K. (2019) Smart Robots – Smart Ethics? Datenschutz Datensicherheit 43,332-341 (2019). https://doi.org/https://doi.org/10.1007/s11623-019-1118-2

Kopetz, J.P., Wessel, D. & Jochems, N. (2018). Eignung von Datenbrillen zur Unterstützung von Pflegekräften in der Ausbildung. *Zeitschrift für Arbeitswissenschaft.* 72(1), S. 13-22.

Lange, G. (2018). 100 Jahre DAA-Technikum – Techniker werden mit Fernunterricht. Rudolf Helfrich, DAA-Stiftung Bildung und Beruf (Hrsg.). Hamburg: b+r Verlag.

Ludwig, T. (2015). Citizen Science – Big Data und Natürliche Intelligenz. Vortrag am 10.10.2015. Vorveranstaltung zum Ball der Universität Hamburg 2015.

Lübbecke, M. (2015). Industrie 5.0. https://mluebbecke.wordpress.com/2015/12/16/industrie-5-0/. Zugegriffen: 04.01.2022.

Mather, C., Barnett, T., Broucek, V., Saunders, A., Grattidge, D. & Huang, W. (2017). Helping Hands: Using Augmented Reality to Provide Remote Guidance to Health Professionals. *Studies in health technology and informatics. 241,* S. 57-62.

Milgram, P., Kishino, F. (1994). A taxonomy of mixed reality visual displays. IEICE Transactions on Information and Systems, 77(12), S. 1321–1329.

Nuance (2022). Dragon Medical One. https://www.nuance.com/de-de/healthcare/campaign/dragon-medical-one-demo.html. Zugegriffen: 08.02.2022.

O'Brolcháin, F., Gordijn, B. (2017). Privacy challenges in smart homes for people with dementia. Vol.: 21- (0123456789). Ethics and Information Technology (2019) 21:253–265

Ohm, C. (1986). EDV in der Pflege. Krise einer beruflichen Identität. In. Das Argument: Technologie und Medizin. Berlin: Argument-Verlag.

Parmar, B. L., Freeman, R. E. (2016). Ethics and the Algorithm. MIT Sloan Management Review. Special Collection. Fall 2016. S. 10–11. http://marketing.mitsmr.com/offers/FR2016/MITSMR-Frontiers-collection.pdf. Zugegriffen: 01.05.2022.

Pongratz, H. (2012). Der Dienstleistungscharakter der Arbeit. Eine theoretische Annäherung. In: Munz, C., Wagner, J., Hartmann, E. (Hrsg.). Die Kunst guter Dienstleistung. Bielefeld: Bertelsmann. S. 17–37.

Prilla, M., H. Recken, H., M. Ksoll, M. (2018). Smarte Brille für die Pflege. In: PflegenIntensiv, 2/18, S. 19–21.

Prilla, M., Recken, H., Janßen, M. (2019). Die Pflegebrille – Möglichkeiten und Barrieren der Nutzung von Augmented-Reality-Technologie in der ambulanten Intensivpflege. In: Pfannstiel, M., Da-Cruz, P., Mehlich, H., (Hrsg.) Digitale Transformation von Dienstleistungen im Gesundheitswesen VI. Wiesbaden: Springer Gabler. S. 281-310.

Rascher, I. (2021). Möglichkeiten und Grenzen der Digitalisierung in der stationären Altenpflege. Vortrag am 2. November 2021. Online-Konferenz. Deutsche Gesellschaft für Qualität e.V., Fachgruppe Pflege.

Rascher, I. (2020a). Einsatz humanoider Robotik in der Altenpflege. GFA Tagungsband Digitaler Wandel, digitale Arbeit, digitaler Mensch.

Rascher, I. (2020b). Cooperating human Robotic Teams in Healthcare. In: Pieper, U., Steidel, A., Werner, J. (Hrsg.). Next Generation Healthcare. Berlin: Medizinisch Wissenschaftliche Verlagsgesellschaft. S. 113-117.

Rascher, I., Recken, H., Schmidt, A. (2020). Funktionieren allein reicht nicht! Strukturelle Voraussetzungen für den erfolgreichen Technikeinsatz im pflegerischen Alltag. 3. Clusterkonferenz „Zukunft der Pflege" Konferenzband Teil 1. S. 57–61.

Rat der Arbeitswelt (2021). VIELFÄLTIGE RESSOURCEN STÄRKEN – ZUKUNFT GESTALTEN. Im Auftrag des BMAS. Basel: Prognos AG.

Recken, H., Janßen, M. (2021). Datenbrille in der außerklinischen Intensivpflege. In: JuKip 10 (1) S. 16–20.

Roes, M. (2014). Fachlich, übersichtlich, praxistauglich. In: Die Schwester Der Pfleger, Bibliomed (53) 7, S. 694–698.

Schweppenhäuser, G. (2016). Designtheorie. Wiesbaden: Springer Gabler.

Seyda, S., Köppen, R., Hickmann, H. (2021). Pflegeberufe besonders vom Fachkräftemangel betroffen. Kompetenzzentrum Fachkräftesicherung (KOFA). KOFA Kompakt 10/2021. Bundesministerium für Wirtschaft und Energie. https://www.iwkoeln.de/studien/susanne-seyda-helen-hickmann-pflegeberufe-besonders-vom-fachkraeftemangel-betroffen.html. Zugegriffen: 04.05.2022.

Shannon, C. E. (1948). A Mathematical Theory of Communication. Reprinted with corrections from The Bell System Technical Journal 27, July, October, S. 379–423, 623–656. http://math.harvard.edu/~ctm/home/text/others/shannon/entropy/entropy.pdf. Zugegriffen: 01.05.2022.

Shishehgar, M., Kerr, D., Blake, J. (2018). A systematic review of research into how robotic technology can help older people. Smart Health. Volumes 7-8, S. 1-18.

Siemens, G. (2006). Connectivism: A learning theory for the digital age. The Distance, 15(1), 1, 14–18. https://www.academia.edu/2856996/The_Distance. Zugegriffen: 04.01.2022.

Staab, P., Nachtwey, O. (2016). Die Digitalisierung der Dienstleistungsarbeit. Aus Politik und Zeitgeschichte 66. Jahrgang. S. 24–30.

Statistisches Bundesamt (2020). Pflegestatistik – Pflege im Rahmen der Pflegeversicherung. Deutschlandergebnisse. 2019. Artikelnummer: 5224001199004. https://www.destatis.de/DE/Themen/Gesellschaft-Umwelt/Gesundheit/Pflege/Publikationen/Downloads-Pflege/pflege-deutschlandergebnisse-5224001199004.pdf;jsessionid=9F1152682B549291F4E CEA02752A4296.live731?__blob=publicationFile. Zugegriffen: 04.05.2022.

Surdilovic, D., Bastidas-Cruz, A., Radojici, J., Heyne, P. (2015). Interaktionsfähige intrinsisch sichere Roboter für vielseitige Zusammenarbeit mit dem Menschen. Bundesanstalt für Arbeitsschutz und Arbeitsmedizin, baua: Fokus.

Travers, J., Milgram, S. (1969). An experimental study of the small world problem. Sociometry, 32(4), 425–443. https://snap.stanford.edu/class/cs224w-readings/travers69smallworld.pdf. Zugegriffen: 01.05.2022.

Uzarewicz, C., Moers, M. (2012). Leibphänomenologie für Pflegewissenschaft – eine Annäherung. In: Pflege & Gesellschaft 2/17. S. 101–119.

Voize (2022). Digitaler Sprachassistent für Pflegedokumentation. https://voize.de/. Zugegriffen: 08.02.2022.

WBGU – Wissenschaftlicher Beirat der Bundesregierung Globale Umweltveränderungen (2019). Unsere gemeinsame digitale Zukunft. Hauptgutachten. Berlin: WBGU. https://www.wbgu.de/fileadmin/user_upload/wbgu/publikationen/hauptgutachten/hg2019/pdf/wbgu_hg2019.pdf. Zugegriffen: 01.05.2022.

World Health Organization – WHO (2021). Falls. http://www.who.int/mediacentre/factsheets/fs344/en/. Zugegriffen: 07.03.2022.

Wischmann, S. (2015). Arbeitssystemgestaltung im Spannungsfeld zwischen Organisation und Mensch–Technik-Interaktion – das Beispiel Robotik. In: Botthof, A., Hartmann, E. A. (Hrsg.) Zukunft der Arbeit in Industrie 4.0. Berlin, Heidelberg: Springer Vieweg. S. 149–160. https://doi.org/10.1007/978-3-662-45915-7_14

Wüller, H., Behrens, J., Klinker, K., Wiesche, M., Krcmarb, H. & Remmers, H. (2018). Smart Glasses in Nursing –Situation Change and Further Usages Exemplified on a Wound Care Application. Stud Health Technol Inform. 253. S. 191–195. PMID: 30147071.

Wüller, H., Behrens, J., Garthaus, M., Marquard, S., Remmers, H (2019). A scoping review of augmented reality in nursing. BMC Nurs 18, 19 (2019). https://doi.org/10.1186/s12912-019-0342-2

Wüller, H., Koppenburger, A (2021). Digitalisierung in der Pflege. In: Wiessche, M., Welpe, I., Remmers, H., Krcmar, H., (Hrsg.) Systematische Entwicklung von Dienstleistungsinnovationen. Wiesbaden: Springer Gabler. S. 111–126.

Wüller, H., Remmers, H. (2021). Ethische Grundsätze in der Entwicklung von AR-Anwendungen. In: Wiessche, M., Welpe, I., Remmers, H., Krcmar, H. (Hrsg.) Systematische Entwicklung von Dienstleistungsinnovationen. Wiesbaden: Springer Gabler. S. 601-608.

Zeithaml, V. A., Parasuraman, A., Berry, L. L. (1985). Problems and Strategies in Services Marketing, Journal of Marketing, Vol. 49, Spring, S. 33–46.

Zerth, J., Jaensch, P., Müller, S. (2021). Technik, Pflegeinnovation und Implementierungsbedingungen. In: Jacobs K., Kuhlmey A., Greß S., Klauber J., Schwinger A. (Hrsg.) Pflege-Report 2021. Berlin, Heidelberg: Springer. https://link.springer.com/content/pdf/10.1007%2F978-3-662-63107-2_11.pdf. S. 157–172.

Zuchowski, M., Pashayeva, A., Wohlrab, M. (2020). Medizinische Spracherkennung im stationären und ambulanten Einsatz – Eine systematische Übersicht. Gesundheitsökonomie & Qualitätsmanagement 2020, 25(02). S. 83–90. https://doi.org/10.1055/a-1115-6980

Zuse, H. (2022). Konrad Zuse's Homepage. http://www.horst-zuse.homepage.t-online.de/konrad-zuse.html. Zugegriffen: 01.05.2022.

3 M (2022). M*Modal Fluency Direct. https://www.3mdeutschland.de/3M/de_DE/his-de/mmodal/fluencydirect/. Zugegriffen: 08.02.2022.

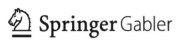

}essentials{

Ronald Deckert · Ingolf Rascher ·
Heinrich Recken

Digitalisierung in der Altenpflege

Analyse und
Handlungsempfehlungen

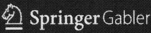
Springer Gabler

Printed in the United States
by Baker & Taylor Publisher Services